執着心

勝負を決めた一球

野村克也

Nomura Katsuya

PHP新書

まえがき

1990年にヤクルトの監督に就任するにあたり、私は「ID野球」というスローガンを打ち出した。「Ｉｍｐｏｒｔａｎｔ Ｄａｔａ（データ重視）」――すなわち、「この投手はカウントが3－1になるとカーブでストライクをとってくる傾向がある」といった情報を収集し、実戦で活用する野球である。幸いなことに現在この言葉は野球ファンの間に広く浸透しているようだが、なかには「感情を排した機械的な野球」というイメージをもたれている方もいらっしゃるかもしれない。

しかしそれは全くの誤解である。ID野球の前提になるもの、それは勝利への執着心である。妥協なく勝利を追求することが、データ重視や、個人本位のプレーを控えてチームのために尽くす姿勢を生む。特に、戦力で劣るチームが強者と戦って勝つためには、この執着心が絶対に欠かせない。

では2012年、日本一に輝いた巨人に挑んだ他球団は執着心を十分に発揮したか。残念ながら、クライマックスシリーズの中日には機械的な継投やバント、「神頼み」としか思えない配球が見られ、日本シリーズでの日本ハムも、第1戦と第5戦で同じ失敗を繰り返すといった淡泊さが目についた。

一方巨人にも、勝利への執着心が足りないと思われる場面は随所にあった。巨人には初球からどんどん振ってくる打者が多いが、投手をゆさぶったり、一塁ランナーを進塁させるための「待球」も重要な「攻撃」である。1球が待てなかったことで、チャンスを潰したり、作れなかったりした局面は少なくない。来季はどのチームにも、プロらしい「勝利への執着心」を発揮してもらいたいものだ。

本文にも記したが、「待球」の大切さを「サンケイスポーツ」の試合評論「ノムラの考え」で指摘したら、橋上戦略コーチは長野に対して「野村さんの言うことも正しいと思うよ」と諭したというし、主将の阿部は2番の藤村に対して私の指摘を伝えてくれたと聞く。野球評論家としてありがたいことである。

本書はその「サンケイスポーツ」の評論をまとめたものである。2011年の評論集(『理想の野球』PHP新書)につづき、2012年の評論も本として刊行させていただくことになった。

さらに本書では私の過去の日本シリーズの評論も一部収録した。私が南海の選手兼監督として評論を執筆した日本シリーズ、1976年の阪急—巨人につづき、「江夏の21球」が生まれた広島—近鉄(79年)、タイガースフィーバーに沸いた1985年の阪神—西武、森監督率いる西武がその強さを見せつけた87年の西武―巨人、そして「3連敗のあとの4連勝」、89年の近鉄―巨人である。

76年のシリーズは全盛期の阪急がついに巨人を倒した忘れがたいシリーズである。79年の「江夏の21球」では、当時の評論には掲載しなかったが、「ニタッと笑った西本監督」が強く印象に残っている。満塁のチャンスを迎えたとき、一塁側のベンチに目を向けると西本監督が〝ニタッ〟と笑顔を浮かべられたのだ。それを見て私は〝危ない〟と直感した。監督はゲームセットまで喜ばない立場なのだから……。ちなみに79年は「西武ライオンズの捕手」として執筆した（79年にロッテから西武に移籍、翌年に現役引退）。

改めて初期の評論を読むと、まだまだ未熟で恥ずかしい思いもする。だが王や江夏、東尾らがいたころの野球をたまに振り返るのも悪くない。オールドファンには懐かしんで、若い方には昔の名勝負を楽しんで読んでいただければ、と思う。と同時に、この評論で往年の名選手の「執着心」のすばらしさを伝えることができれば幸いである。

２０１２年冬

野村克也

本書で使用する用語について

サンケイスポーツで私が連載してきた評論「ノムラの考え」では、野球理論を読者にわかりやすく伝えるための、いくつかの独自の用語が使用されている。

原点 投手は、投球練習でまず「外角低めの直球」を訓練する。投手の基本といえる外角低めの直球を、私は投手の「原点」と名付けた。外角低めの直球を投げることを「原点投球」、外角低めへの制球力を「原点能力」と呼ぶ。

打者の対応型 私は、捕手として配球を組み立てるにあたり、打者の対応を大きく以下の4つに分類した。

【A型】「来た球を打つ」いわば打者の理想型ともいえる打撃スタイル。具体的には、直球をマークしながら変化球にも対応しようとするタイプ。

【B型】 内角か外角か、投球のコースを絞って対応するタイプ。内角球を捨てて、外角一本に絞って対応する、といった打撃がこれに当たる。

【C型】右方向か左方向か、打ち返すコースを決めて対応するタイプ。走者二塁の場面で、右打者が何がなんでも右方向へ打ち返す、といった打撃はこの例。

【D型】球種にヤマを張って対応するタイプ。カウントを稼ぐときに使ってくる球種や、追い込まれた後に、投手のウイニングショットを狙ったりすること。私は現役時代、この「ヤマ張り型」の打者だった。


多くの打者は、打席でこの4つの型で対応する。ただしこの対応は、ボールカウント、相手投手との実力の比較や相性、走者の有無、得点差……などの諸条件によって、1打席、1球ごとに変化する。だから捕手は、「打者の変化を読む眼」が必要なのだ。監督時代に、ベンチで捕手を叱ったり説教したりすることもあったが、その多くはこうした「変化への対処」を諭していることが多かった。

ボールカウントによる投手と打者の心理変化

打者が対応を変えるのは、監督・コーチからの指示もあるが、多くはボールカウントによって心理状態が変化するからだ、と私は考え

ボールカウントによる投手と打者の心理変化

カウント B−S	投手	−	打者
0−0	不利	−	有利
1−0	不利	−	有利
2−0	不利	−	有利
3−0	不利	−	有利
0−1	有利	−	不利
1−1	有利	−	不利
2−1	五分	−	五分
3−1	不利	−	有利
0−2	有利	−	不利
1−2	有利	−	不利
2−2	有利	−	不利
3−2	醍醐味カウント		

【注】私は3−2のフルカウントを、投手と打者の能力で結果が左右される醍醐味カウントと呼ぶ

る。初球からフルカウントまで、12種類のボールカウントごとに、投手と打者の心理の有利、不利を分類したのが、上の表になる。

　また、2011年シーズンから全球場に加え、新聞、テレビ、ラジオなどの各メディアで「ボール、ストライク」の順に表示や表記が統一された（例・フルカウントは3－2）。このため、本書に掲載するにあたり、第一章から第三章の評論については、ボールが先とするカウント表記に改めた。

執着心

目次

第一章　2012年 レギュラーシーズン公式戦

第二章 2012年 クライマックスシリーズ

1987年

1989年

第一章

2012年　レギュラーシーズン公式戦

5月30日　ヤクルト対日本ハム　試合前、2000安打を記録した
日本ハム・稲葉（左）とヤクルト・宮本慎也に花束を贈呈した著者

積極性のはき違え

3月30日　東京ドーム
ヤクルト　003　000　100……4
巨　人　000　000　000……0
勝 石川　S バーネット　敗 内海

開幕戦とは、決意表明の場である。巨人は今季、どういう野球をするのか。昨年の敗退から得た教訓は何か。この日の巨人からは、残念ながらそれらが何も伝わってこなかった。私の頭に浮かんできたのは、次の2つの言葉だけだ。

「漠然」「安易」――。

攻撃では「漠然」と打ってヤクルト・石川の術中にはまり、守ってはバッテリーが「安易」な配球で手痛い失点を喫する。見ていてもどかしさだけが募った。

九回一死まで無安打に封じられた石川という左腕の特徴は「打者にとって厄介な球がな

い」ところにある。この日使った主な球種は、130キロ台の直球に、スライダー、シンカーの3つだけ。球種が少ないうえに、緩急もない。低めへ、内外角へ、丁寧に、という投球に徹してくる。

実はこの「徹する」こそが石川の個性なのだが、そこに気付くことができない打者は「いつでも打てる」と錯覚する。だから「どう攻略したらいいか」と考える必要を忘れてしまいがちだ。

もしもこの日の相手が石川でなく、豪速球を武器とする本格派投手ならば、巨人打線の対策も変わっているはずだ。例えば速球をマークし、バットを短く持ってコンパクトに振る。または直球を捨てて変化球に狙いを絞る。一丸となって攻略に取り組むはずだ。

本来は技巧派相手だからこそ、こうした備えやマークが必要なのだ。「追い込まれるまでは目線を上げておいて低めを捨てよう」「(右打者は) 外角に目を付けておいて、内角に食い込むスライダーを捨てよう」――。これらが、低めへ、内外角へ、と「徹する」投球を続けてくる石川への備えである。

しかし巨人打線には、この備えがない。あるのはただ、初球から変化球を狙っていこう、という「積極性のはき違え」だけだ。

一回一死一塁で長野が初球の外角低めスライダーを中飛。二回二死一塁では寺内が初球の外角甘めシンカーを右飛。六回には坂本が初球のスライダーを左邪飛。坂本にいたっては4打席中3度が初球打ちで、相変わらずの「4番打者のような打撃」。これでは組織的な攻略などありえない。

備えのない積極性こそが、漠然とした打撃を呼ぶのである。目線を上げておけば、長野は低めのスライダーに手を出さない。外角にしっかり目を付けておけば、寺内は確実に打ち返せる。備えがあれば、「積極性のはき違え」は生まれない。

一方、守りでは「安易」な配球で三回に3点を失った。この回の先頭打者は石川。初球、2球目と外角直球で2ストライクと追い込み、3球目に外角フォークがボール、4球目も外角フォークで、打撃のいい石川に左前打された。

この配球には、「変化球を投げておけばいいや」との安易な気持ちが如実《にょじつ》に表れている。投手といえども、先頭打者は絶対に出してはいけない場面である。私なら「野手だと思って攻めろ」という。外角一辺倒ではなく、なぜ1球でも、内角に投げなかったのか。内角もあるという意識が腰を引かせ、外角の変化球で、間違いなく打ち取れていただろう。

同じ投手にぶつけてはいけないという思いから、投手は内角には投げにくい。だがリードする捕手までが相手打者が投手だから、と思っていたならば明らかな間違いである。私には、阿部にもその遠慮があったように見え、実際にこの遠慮がピンチを招き、3点につながったのである。試合をしているのではない、勝負をしているのだということを忘れてはならない。

巨人は昨年の失敗から大補強を行い、巨大戦力で今シーズンを迎えた。しかし選手は相変わらず「来た球を打つ」天才的な選手たちばかりで、そこに「どうやって備えるか」という方法論が見えない。予告先発がセにも導入され、「準備野球」の時間が増えた。野球は、備えなど、目に見えないところで勝負が決まるものだ。その点で「漠然と」投手・石川に向かい、「安易に」打者・石川に対した巨人から、その備えが見えなかったことが残念でならない。

澤村への信頼と言葉が足りなかった巨人ベンチ

3月31日　東京ドーム
ヤクルト　000　002　310……6
巨　人　003　000　000……3
勝 押本　S バーネット　敗 澤村

継投失敗、そして連敗。長いシーズンを見据えたとき、原監督に次の言葉を贈りたい。

「信は万物の基を成す」

相手を信じ、自分を信じる。すべては信じることから始まる。巨人は先発・澤村を七回一死一、二塁で降板させ、久保にスイッチした。3－2と1点リード。次打者は8番・相川。なぜ代えるのか。理由がわからず、混乱すらしている。

監督業で最も難しいのは継投策である。判断基準は次のようなものだ。
①信頼度

②疲労や不調
③打者との相性

①には2種類あって、ひとつは澤村本人に対する信頼。もうひとつは後続のリリーフ陣と比較した上での信頼。だが長いシーズンを、ローテーションの2番手を託そうという主戦投手と、故障明けのセットアッパーを比較した場合に、澤村より久保の信頼度が上になるなどとは、到底、理解できない。

また、澤村の球数はまだ101球にすぎなかった。2年目の二十三歳で、②の疲労が限界だったとも思えない。さらに、澤村対相川は昨年8打数1安打で、この日も投ゴロ、二ゴロと抑えこんでいる。③も当てはまらない。

確かに六回の田中の本塁打はフォークが抜けたもの。原監督には、澤村がこの回先頭の5番・川端、7番・バレンティンと走者を2人とも四球で出したため、疲労による交代機と映ったのかもしれない。しかし、この2つの四球の質を見誤ってはいけない。

川端に対しては、七回で1点差というプレッシャーから硬くなり、慎重になりすぎて致し方ない面がある。終盤の局面では、「打者2人からアウト1つを取る」という慎重さも問われるため、無理な勝負にいく必要もない。

バレンティンへの四球は、ベンチの指示も半分はあったろう。捕手の阿部は中腰に構え、あちこちにミットを動かしていた。穴の多い長距離打者に、正面きっての勝負を避けた。振ってくれればもうけもの、乗ってこなければ歩かせる、というものだった。

巨人はこの作戦半分の四球の直後に、澤村を代えた。これは誤りだ。少なくとも「同点になるまではお前に任せたぞ」と伝えるべきではないか。

重ねて言う。澤村は1シーズンを託すエース格の投手なのだ。本来なら「同点まで」でも足りない。私なら、こう澤村の背中を押す。

「この試合はお前と心中するからな」

144試合続く長丁場の、まだ2試合目なのだ。選手はベンチを見ている。「今年のオレへの信頼はこの程度なのか」と疑念を抱かせることこそ、避けなければならない。久保との比較や、2つの四球が生まれた状況を見誤ったことなどを論ずる以前の問題である。

人間関係を円滑にするものは何か。「言葉」しかない。プロ野球選手とて人間。誰でも上司から信頼されたい。私は監督として〝見せかけの信頼〟すら駆使した。「任せた」と口では言い、内心は神頼み。期待に応えてくれれば御の字だ。「たとえきょう、悪い結果に出ても、次は信頼に応えようと奮起してくれる」――。そう考えた。

信は万物の基を成す。原監督の、澤村に対する「信」とは、澤村に開幕2戦目を託した自分自身への「信」でもある。決着を自分でつけられなかった澤村のショックが尾を引いて、「不信」へと変わりはしないか。私には、それほど大きな投手交代に映った。

大魚を逸した、ギャンブル精神の欠如

4月1日　東京ドーム
ヤクルト　010　000　100……2
巨　人　010　110　01X……4
勝 杉内　S 西村　敗 赤川

ギャンブル。私の脳裏を何度、この言葉がよぎったことか。野球も勝負事である以上、一か八かのギャンブル精神が必要な時もある。ところがヤクルト・小川監督は、正攻法に徹したまま、敵地で巨人から開幕3連勝を奪うという、大魚を逸した。

最ももどかしかったのは七回。2－3と1点差に詰めより、なお一死満塁。ここで巨人ベンチは先発・杉内をあきらめ、同じ左腕の山口を投入した。ネクストバッターズサークルには、左打ちの川端。ここは右の代打だろうと見ていると、川端がそのまま打席へ。シュートで空振り三振に倒れ、次の宮本も遊ゴロに終わった。

川端はこの打席の直前まで、左投手に対して通算197打数48安打（打率・244）、2本塁打、31打点。極端に左を苦にしているわけではない。昨季は3番、今季は5番。打撃センスは首脳陣からも一目置かれていると聞く。

しかしこのシーンは、圧倒的な優勝候補を沈めておける千載一遇のチャンスで、今季を占う上でも重要なポイントだった。

借金3は取り戻すまでに1カ月かかる——。私の経験則である。しかも巨人は内海、澤村、杉内の3本柱を立てた。開幕3連敗のショックは、ただの借金3以上に重くのしかかってくるのだ。

私は「弱者の野球」を推し進めてきた。正攻法だけでは勝てない。セオリーに奇策を組み込む。相手が嫌がることをする。今の巨人を前にしたときにこそ、この戦い方が生きると信じている。

だから、何の策もとらなかったヤクルトベンチに、失望するのだ。

川端に代打を出さないのなら、スクイズでもいい。左投手からは三塁の動きが見にくい上、三走の上田は俊足。転がしさえすれば、成功する。信頼されている5番だから、そのまま打ってくる——。こういう巨人側の思惑も、逆手にとれる。

たとえ失敗しても「ヤクルトは何か仕掛けてくるぞ」と巨人を疑心暗鬼にさせられる。普通に打たせて結果的に点が入るよりも、1シーズン、心理戦で優位に立てる方を、私は選ぶ。一年の計は元旦にあり、プロ野球の計は四月にありで、四月は奇策を使う月である。四月に奇策を見せておくと一年間相手が奇策におびえるものである。

思えば「一か八か勝負せい」と叫びたくなるシーンは、序盤からあった。

二回、相川の右犠飛で先制した直後の二死一、三塁、打席には投手の赤川。追加点は望み薄だ。セ・リーグ初登板の緊張から、一回を6球、3者凡退で滑り出しながら、二回はここまで25球も費やした杉内にとっても、ようやくチェンジと、ひと安心できる場面。

こういうときこそ、奇策である。

一走・バレンティン、三走・宮本。私なら「ギャンブル・ダブルスチール」のサインを出す。ダブルスチールをかけられたとき、捕手が投手に投げ返す確率は、実は1％ほどしかない。捕手の手からボールが離れた瞬間、三走は本塁に突入する。万が一、捕手が投手に返したり、あるいは投げるふりをしただけなら、おなぐさみと考える。これが「ギャンブル」である。

どんな手を使ってでも、1点を取りにいく。「勝利への執念」と言い換えてもよい。

ヤクルトに問いたい。昨シーズンの悔しさを忘れたわけではないだろう。負け数が同じ「59」でありながら、中日に逆転優勝された。引き分けが「15」と多く（中日は10）、勝ち数が「70」止まり（中日は75）だったからではないのか。勝てる試合は勝つ。勝利がすり寄ってきたときは、何が何でもモノにする。1勝の重みをもう一度、肝に銘じてもらいたい。

1球待つことの重み

4月10日 甲子園				
西武	010	200	100	……4
楽天	000	000	000	……0
勝 岸	敗 塩見			

私は自己嫌悪に陥っている。楽天の指揮を執った2006年から09年までの4年間で、きちんと教えてこなかったのだろうか、と。

1球を大事にしない。小さなことをおろそかにする。今季初めて見た楽天の試合で、我慢ならないシーンがあった。

九回の攻撃。先頭の牧田が中前打で出て、打席には七回に代打で登場し（二飛）、ＤＨに入った鉄平。チェンジアップが2球続けてボールになった、カウント2－0からの3球目、直球を打って出てファウルした。この1球である。

点差は4点。1人でも多く、走者をためたい場面。いくらバッティングチャンスのカウントになったとはいえ、直球が来たからとはいえ、打ちにいくこと自体が、考えられないのだ。マウンドには、開幕から4試合に登板し、2敗している外国人のゴンザレス。制球が悪く、不安定な投手が相手である。私なら必ず「1球待て」のサインを出す。さらに「セーフティバントの構えをしろ」と付け加える。

足もある鉄平がバントの構えをすれば、ゴンザレスはますます制球を乱し、かなりの確率でボールになっていたはずだ。

待球を指示しなかったベンチもベンチなら、サインが出ていないからといって、打つ方も打つ方である。

鉄平は次の4球目も高め直球のボールに手を出しファウル。最後はチェンジアップで、投ゴロの二封。チャンスの芽はしぼんでしまった。

7試合ぶりにスタメンから外されていたため、安打を欲しがる気持ちは、理解できる。また、私が監督時代に実感したことだが、指示されたことはきっちりとこなし、指示されないときは自分本位のプレーに走るタイプでもある。

しかし、プロ12年目、ベテランの域に達した選手ならば、自主的に1球、待つのが当たり前ではないか。

ベンチも「わかっているだろう」と思うのは禁物で、確認に確認を重ねて、指示を出すべきではないのか。

連打で点を取る確率は一番低い。四球や失策がからんだときに、点が入る。だからこそ、相手の嫌がることをして、制球を乱すように仕向け、失策を招くように持っていくのである。

優勝を争うチームと下位チームの差は、目的意識の違いや、集中力が持続するかしないかにある。野球は、1球で局面が変わるからだ。しかも、七回以降が本当の勝負でもある。その大事な終盤に、1球をおろそかにする。二重の意味で、残念でならない。

谷繁の思わぬ配球、吉見の思わぬ制球

4月12日　東京ドーム

中日	000	100	010	……	2
巨人	003	000	00X	……	3

勝 内海　S 西村　敗 吉見

これが、リーグ連覇の立役者となった中日のエースと正捕手なのか。目を疑った。吉見と谷繁のバッテリーは、間違いなくセで最高のコンビである。だがベテラン捕手が思わぬ配球をし、エースが思わぬ制球をした。巨人打線に5安打のつるべ打ちに遭い、3点を先制された三回だ。

一死から左打者の投手・内海に対し、カウント2－1からの4球目。外角やや高めの直球を打たれ、三遊間を破られた。

外角甘め、やや高いストレート。私はこれを左打者特有の「子供ゾーン」と呼んでいる。

かつて少年野球を指導していたときに、左打ちの子供たちが、このゾーンの球をポンポンと打ち返す。だから「子供ゾーン」と名付けた。

左打者のスイングには、本能的に一塁へのスタート動作が入ってしまう。外へ逃げていく軌道の外角直球に対して、左打者のスイングはやや手前のポイントでぶつかることになり、左方向へ打球を飛ばすことができる。これが「子供ゾーン」の正体である。

エース同士による、1点勝負の投手戦になりかけていた。先に点はやれない状況で、打席には「打撃のいい」投手。出塁させれば、上位打線に回ってしまう。投手として甘く見ず、打者と対する気持ちで攻めなければならない場面だ。そこでボール先行となり、外角低め原点でカウントを稼ぎにいったのだろうが、「子供ゾーン」への制球ミスは気が抜けていたと言われてもしかたがない。

さらにこの回は、首をひねるシーンの連続だった。

先頭の寺内には初球、外角直球を痛烈な一塁ライナー。内海に直球を安打され、坂本は初球スライダーで二飛に打ち取ったあと、谷にカウント2－2から高めシュートを左前に、長野には初球の外角直球を二塁内野安打された。阿部にも1－2から直球を中前打され、村田にも0－1から直球を左前打された。

つまりこの回の5安打はすべて直球系を打たれたもの。確かに谷繁には「吉見なら制球ミスは少ない」という信頼があるのだろう。それでも、直球を待って変化球に対応しようとする「理想型」ばかりの巨人打線の特徴を、谷繁は忘れてしまったのか。そう疑いたくなったほどである。

技巧派の投手にとっては「配球」と「制球」が生命線である。直球を稼ぎ球、見せ球にして、低めの変化球でまとめたい――。これが基本だが、この日の吉見には直球の制球力がなかった。谷繁が「きょうの吉見の直球は信用できない」と判断できていれば、三回の大量失点はなかったのではないか。

今季の中日は、落合監督が事実上解任され、高木監督を迎えた。選手は優勝経験豊富で、勝ち方を知っているとはいえ、厳しく選手を指導していた前監督が去ったことでの「緩み」はないか。このまま〝らしくない〟チームになってしまうのではないか、と感じるのは、私だけだろうか。

カウント1－1からの1球を誤った能見

4月28日　東京ドーム

阪神	100	000	100	……2
巨人	302	200	00X	……7

勝 杉内　敗 能見

巨人キラーの能見が3回5失点でKOされた。技巧派・能見と小宮山のバッテリーが、ボールカウントの特性と原点投球を忘れたために、もたらされた結果といえる。

相手先発は阪神キラーの杉内で、1点勝負を覚悟する試合。打線は一回表に1点を先制した。その裏の阪神バッテリーの配球が、問題となる。

先頭の長野に初球、外角からのスライダーでストライク。2球目は高め、まっすぐのつり球で1－1。3球目、内角寄りのまっすぐを左中間に二塁打された。

1－1というのは投手と打者、五分五分に見えるようでいて、実は両者の心理はかなり違う。

バッテリーからすると、ストライクを稼ぐのか、ボールで様子を見るのか、気持ちの整理が難しい。打者は、100%近く打ち気で構える。カウント0－1だと、1球外してくるのでは？　という考えも頭をよぎるが、1－1から1球外してくるとは、まず思わない。打者がますます有利になる2－1にするのは、避けるだろうと考えるからだ。このため1－1のケースでは、積極的になるのである。

ましてや長野は、まっすぐを待ちながら変化球にも対応しようとする「A型」で、かつ超積極的なタイプ。一方の能見は、速球で押せるタイプではなく、技巧派。私なら、カウント1－2と追い込んだつもりで、フォークなり、低めへ外れる変化球を要求する。カウント1－1での打者心理は、積極的になれる分、強引になりやすい。これを利用するのだ。

2番・寺内を三振にとったあと、3番・坂本に対する配球も、もったいない。カウント0－1からスライダーを左前に運ばれた。坂本も長野と同じく積極的な「A型」である。変化球だからいいではないか、との声もあるかもしれない。が、左投手のスライダーは、右打者から見ると外から体の方に入ってくるため、何とかさばける。内角のさばきがうまい坂本にとっては、おあつらえ向きの球と化す。

長野に対するカウント1－1が1－2と〝親戚《しんせき》〟といえるならば、坂本に対する0－1も0－2と親戚関係にある。この場面でも、様子を見るための誘い球、見せ球を要求するなどの慎重さが欲しかった。

あるいは小宮山は、ファウルでカウントを稼ごうとボール球を要求したのかもしれない。それならもっと大げさに低く構えるなどの徹底が必要だった。

同時に、阪神バッテリーから抜け落ちていたのは「原点投球」である。投手の基本ともいえる外角低めへの直球が、一回の長野、寺内、坂本への10球中、1球もなかった。どんな投手でも立ち上がりは難しい。外角低めに直球が決まればリズムに乗れるものだし、組み立ても楽になる。

この後、阿部を四球で歩かせたのも、村田への暴投で同点にされたのも、高橋由の痛烈な打球を足に受け、一塁悪送球でさらに2点を献上したのも、リズムに乗れないまま投げたことと無縁ではあるまい。

阪神はここまで順調に滑り出した。しかし、負傷中の藤井彰が復帰するまで、若い小宮山に過度の期待はかけられない。バッテリー間のほころびが拡大しないか、気がかりである。

ピンチでは5球費やして料理せよ

4月29日　東京ドーム

阪神	000	000	000	……0
巨人	010	000	01X	……2

勝 内海　S 西村　敗 岩田

阪神は試合前に、どのようなシミュレーションをしていたのか。

野球は前夜からの「準備野球」から始まる。捕手として、監督として、私が重視してきたことだ。野球は、相手を0点に抑えれば100％負けない。準備野球とは「いかに失点を防ぐかを考え抜く」ためのものだ。

巨人の予告先発は内海。開幕投手に選ばれたエースで、昨年のセ・リーグ最多勝。今季も安定している。「まず得点は望めない、ならば無失点に抑えよう」。この大前提があれば、阪神が安易な1球で試合を落とすことはなかった。

野球は、終わってみれば「あの1球」で決まるものだ。この日は、二回、加治前の先制タイムリーだった。

阿部、村田に連打され無死一、二塁。岩田はこの後、高橋由を二飛、ボウカーを見逃し三振にとり、二死にこぎつけた。この2つのアウトは、巨人に助けられた。高橋由が「最低でも進塁打」という備えであれば、2球続いたスライダーをたたきつけていたはずだが、簡単に打ち上げてしまった。ボウカーはスライダーをバットに当てることすらできなかった。

巨人にプレゼントされたピンチ脱出への道を、岩田は続く8番・加治前への初球に、手放してしまった。真ん中高めに抜けたスライダー回転の不用意な直球を、中前タイムリーされた。

ピンチでは打者に5球費やして料理しろ。私はこう指導してきた。たとえ8番打者相手でも、9番の投手であっても同じだ。「2ストライクと追い込んだつもり」で、いきなり勝負球から入る。岩田なら、右打者の加治前の外角低めボールゾーンへ沈むシュートでいい。手を出されても安打にされにくく、ボールになったとしても、さらに打ち気が増す2球目もゾーンを広く使える。

最悪、四球で歩かせても、次打者は内海。打者2人かけてアウト1つを模索すればいい。

相手はエースが投げている。そう得点は望めない。この大前提に立てば、序盤とはいえ、先に点はやれない。だが8番打者に対して初球から「カウントを稼ごう」などと甘い考えで入るから、抜けた失投を痛打される。

結果として内海は、非の打ち所のない内容だった。緩急、両サイド、高低を使い分けるため、ピッチングに形がなく、球種やコースを絞ることが難しい。しかも、打者有利のカウント2－0になったケースは、一回先頭のマートンだけ。この内容では、私が監督でも、攻略指示の出しようがない。せいぜい「ファーストストライクから打っていけ」くらいなものだ。

しかしそれは、エース相手の試合では、常につきまとう難題ではないか。阪神が二回の守りを0点で切り抜けていたら、内海も援護がないことに焦り、終盤の展開も変わった可能性がある。だから1点を防ぐ最大限の努力が必要であり、1球をおろそかにしてはならないのだ。

「終わってみれば、あの1球」――。この後悔は長いシーズンでは単なる1敗に終わらず、2敗、3敗となって跳ね返る。人間は誰にも、楽をしたい本能がある。序盤から1球1球神経をすり減らす、苦しい道は避けて通りたい。「まだ二回じゃないか、いくらでも取り返せる」。安易な考えに走り、1つ勝つ大変さを忘れがちになるものだ。

私は今でも、夢の中で叫ぶことがある。「もう一度、あのシーンをやり直させてくれ」。現場の諸君にも「もう一度」などないことを肝に銘じて、「この1球」をプレーしてもらいたい。

いまの巨人の野球は子供のお遊戯

5月10日　東京ドーム

DeNA	000	000	010……	1
巨　人	001	000	000……	1

いつから野球は、個人競技になったのか――。巨人の九回の攻撃を目にして、脱力すると同時に、この疑問が、頭から離れなくなってしまった。

二死からボウカーが死球で出塁。原監督は足のスペシャリスト、鈴木を代走に送った。しかし長野は初球、山口の外角低め直球を打ち、ひっかけて遊ゴロ。あっけなくゲームセットとなった。

代走・鈴木を送り出した時点で、試合時間は3時間半を過ぎていた。もう負けはない。思い切って1点を奪いにいける舞台はできていた。

鈴木が二盗し、一打サヨナラのチャンスを作る――。私がやってきた野球では、第1の選択肢はこれだ。ならば当然、長野は鈴木が走るまで待つ。少なくとも1球、いや極端に言えば、2ストライクを取られるまで、待ってもいい。鈴木にも仕事をさせてやろう。長野にその考えはなかった。

山口のクイックモーションが上手で、鈴木が走るのは無理と判断していたのだろうか。しかし、山口のクイックがうまいという評価は、耳にしたことがない。クイックの技量が「上・中・下」のうち、「中」以下ならば、足の速い走者が勝つものである。

もしも山口のクイックの技術が高ければ、第2の選択肢になる。長野が長打を打つことだ。そのためには、高めの甘い球を狙わなければならない。だが最も長打にしにくい外角低めに手を出した。初球を打つには根拠がいる。ただ初球から何にでも手を出すのでは、「積極性のはき違え」でしかない。

長野に「打っていいか?」の疑問がない。鈴木に「走るまで待ってほしい」の呼びかけがない。ベンチに「走るまで打つな」の指示がない。そこにあるのは、「わかっているだろう」「やってくれるだろう」という願望だけの「だろう野球」である。確認に確認を重ねることは、野球だけではなく、どんな仕事でも、基本中の基本のはずだ。

私は監督時代、代走に起用する選手には、まず「この投手は走れそうか」と聞いた。その上で、「待て」か「打て」か、サインを決めた。打者にも「打ってもいいかどうか、わからなかったら聞きにこい」と、口を酸っぱくして言った。最後には選手の方から「1球目から打ってもいいですか?」と、必ず聞いてくるようになった。

ベンチと代走、ベンチと打者、代走と打者。3者が常に意思疎通をすることで、チームメートとして、互いの持ち味を生かし合える。

鈴木に盗塁という仕事の場を与え、勝負強い長野がチャンスで打つ。仮に鈴木が二盗に失敗しても、あるいは長野が2ストライクまで待って、結果的に打ち取られても、それは、手を尽くした上での納得のいく終わり方である。「次はセーフになるからな」「今度は返しますからね」。その方が、選手同士の信頼、団結は高まり、チームとして高いレベルに進めるはずである。

長野は広角に打てるし、勝負強さも持っている。本来は打席での粘りも見せる。巨人の中心打者を任せられる天性を持っている。それなのに3番、1番と持ち場が変わっても、積極性をはき違えたまま、打席での対応が変わらない。指示さえあれば打てるのに、自発的に待ったり、状況判断をしない。巨人を背負って立つ選手のこうした姿に落胆を覚える。

現在の巨人の野球は、状況に応じたプレーなどは求められない、打撃第一の野球にしか見えない。それは「野球」とは呼べず、ただ来た球を打つだけの子供の「お遊戯」という表現しか、私には思い浮かばない。1点を奪うために「状況を作る」走塁や打撃をしないのなら、それは個人競技にすぎない。

王、長嶋の主役に、柴田、土井、黒江、森らの脇役が絶妙に絡んだV9巨人が、団体競技としての野球の完成形を見せた。その伝統球団が、個人競技をしている。そして、1点を取るのに汲々《きゅうきゅう》としている。それを味気なく、寂しく感じているのは、私だけではないはずだ。

六回で交替した杉内に望むもの

5月17日　東京ドーム
オリックス　100　001　000……2
巨　人　100　002　01X……4
勝 杉内　S 西村　敗 中山

杉内には、何かが足りない。

ハーラーダービーのトップとなる5勝目を挙げた。三十一歳。ソフトバンク時代から通算108勝を挙げ、タイトルも獲得してきた。脂が乗り切っている年齢で、巨人にFA（フリーエージェント）で移籍してきた。

プロとして生きる術となる、打者の嫌がる球を持っている。右打者の外角へのスクリューボール気味のチェンジアップは一級品である。

にもかかわらず、私には安定感がもうひとつ、伝わってこない。

その原因は何か。

ベンチからの信頼感が、それほど見てとれないこと。つきつめれば、杉内自身の自覚の問題である。「巨人でも、エースと呼ばれる存在になってやる」。この意識が欠如しているように思えるのだ。

この日、杉内は六回、味方が加治前の中犠飛で3－2とした直後に代打を送られた。これは意外だった。まだ93球しか投げておらず2失点。

「勝ち越しに成功したのだから、杉内をそのまま打席に送り、残るイニング、行けるところまで行ってもらおう」――。

巨人ベンチもそう考えるとみていた。だが実際には代打を送られ、そればかりか七回から登板したのは、同じ左腕の山口。ベンチの信頼感が今ひとつだと感じた。

信頼感が得られない理由。それは直前の点の取られ方にある。

1－1のまま進んだ六回、先頭の大引に中前打された。先頭打者を出したのはこの回が初めてだった。そして二死後、バルディリスに左中間へ適時二塁打された。それも、カウント2－2から真ん中スライダーを、フルスイングされた。

追い込んでいるのだから、スライダーをひざ元に投げ、空振りを誘うのが本来の投球である。しかし、1点もやれない局面で、あっさりとコントロールミスを犯す。1点へのこだわり、1勝へのこだわりが、欠如していると責められても、しかたあるまい。

昨オフ、FAで巨人に加入した。通常のトレードと違い、世話になったソフトバンクを自ら去る形となり、生半可《なまはんか》な成績では批判の対象になる。前球団でエースの扱いを受け、今季の巨人に大型補強の象徴として加入してきた。ならばもっと、貪欲になるべきだ。「オレがオレが」という気持ちに、なっていい。

言うまでもなく野球は団体競技であり、時に「功を人に譲れ」の精神が必要だ。だがエースには、「自分で勝敗を決する」責任と覚悟が要求される。その責任感が「二死からの失点を許さない」という覚悟になる。安易にスライダーを投じるのではなく、ボールに「ひざ元へ、低めに」という意思を込めて投げることができる。

その姿を見せることで、ひいてはベンチの、杉内自身への信頼感を生む。自分で自分をそういう精神的な境地に追い込むことができないのなら、よきライバルを設定する方法をとってもいい。

巨人には、同じ左腕で過去3度開幕投手を務めた内海がいる。三十歳で年齢も近い。「内海が8回投げるなら、オレは9回投げる」「内海が1点に抑えたから、俺は0点に抑える」。

一流は一流を育てる。ライバル関係が、互いの技術を向上させる。杉内と内海が、もっとそうした気概や競争心を表に出すことで、澤村や宮國も後に続く。江川卓と西本聖、斎藤雅樹と槙原寛己、桑田真澄らがそうであったように、巨人のエースは、争いによって成長するものである。

「オープン戦」のような淡泊さ

5月28日　東京ドーム

日本ハム	010	000	200	……3
巨　人	000	100	001	……2

勝 乾　S 増井　敗 ホールトン

この夜、巨人―日本ハム戦を見たお客さんは、ハラハラドキドキする間もなく、家路についたのではないだろうか。

緊張感を生む1点差試合。もし巨人が日頃から、もっとデータを活用し、駆け引きや読みを生かす野球をしていたら……。もし日本ハムが、創意工夫のある攻撃をしていたら……。この1球、この1点の重みがクローズアップされる、メリハリのきいた試合になっていたことだろう。私には、もどかしくて仕方がなかった。

象徴的だったのは九回裏、巨人の攻撃だ。点差は2点。まず同点にするには、走者2人が必要となる場面。ここで先頭の高橋由は初球、外角の真っすぐを引っ張って一ゴロ。次の亀井に本塁打が出て1点差に迫り、引き続き出塁が求められる場面でも、ボウカーが初球の外角真っすぐに遊ゴロ、長野も初球の外角スライダーを引っかけて遊ゴロ。この回、4球で攻撃を終えてしまった。

なにがなんでも粘って四球を……と言っているのではない。初球打ちがいけない、と決めつけてもいない。ただし、初球を打つには、何度も評論してきた通り、条件が必要となる。そして、日本ハム・バッテリーには、その条件のもとになる、きわめて如実な傾向があった。捕手・鶴岡が一回から八回まで、各打者の初球に要求したのは、すべて外角球だったのである。

外角要求で結果的に真ん中に入った球はあったが、初球から内角に構えたケースはなく、初球がボールとなった後でも、内角要求は、村田に対する1度しかなかった。

内角球は主に外角球を活かすために、見せ球として投げるものである。打者に内角を意識させることで打撃フォームを崩す狙いがある。また、打者が内角球を弱点にしているときにも使う。

捕手からすれば、外角から入るほうが楽だし、安心できる。しかも、巨人は交流戦に入って本塁打が増えている。となると、初球から一発の危険性をはらむ内角球は、おいそれとはこない。

巨人打線がこういうデータや心理状態を踏まえ、利用していく習慣があれば、九回の対応も変わっていたはずだ。

高橋由や長野は、初球に来る外角球を、引っ張らずに流し打つことなど、容易にできる技術を持っている。あるいは初球の外角球、特に変化球は捨て、2球目、3球目以降に、好きなコースや球種を絞れる。

ましてや、亀井が本塁打した球は、初球では初めて内角にきた直球だった。それを本塁打にされたのだから、なおさら、その後に初球は内角にこない。

いや、九回を待たずとも、野球での勝負どころとなる七回以降に、なぜこうしたデータに気づき、打線全体として徹底できなかったのか。それが、もどかしいのだ。

日本ハムにも、不満が残った。六回、先頭の投手・八木に送った代打・ホフパワーが死球で出塁した後である。

スコアは1－1。先発の八木を5回70球で、巨人・ホールトンより先に降ろしたということは、得点を1点でも多く、早く挙げて、リリーフ陣で逃げ切る道を選択したということだろう。

この状況下、おあつらえむきに死球。大リーグのデータでは、先頭打者の四死球による出塁は8割が得点に結びつくという。日本では6割5分の確率で失点する。ここで日本ハムベンチがとった策が……何もなかったのだ。

攻撃のセオリーとして、走者一塁のケースでは、無死なら送りバント、一死ならエンドラン、二死なら盗塁――がある。このうち、どれひとつも採用せず、糸井は左飛、小谷野は遊ゴロ併殺打。策もなければ、進塁打すら出ない。首をひねるしかなかった。

淡泊。選手任せ。流れのまま――。巨人、日本ハムに見られた、この夜の野球はいったい何と表現すればいいのだろうか。調整過程の選手がおのおの打席やマウンドをこなしては交代していく、「オープン戦」のような印象しか思い当たらない。

いかにして相手の嫌がることをするか、いかにして相手を崩すか。これが勝負事の鉄則であり、醍醐味《だいごみ》である。今の野球には、そういう要素は、必要とされなくなったのか。長年、球界に携わってきた私には、寂しくもあり、恐怖でもある。

「当たり前」のことをやっている宮本に倣え

5月30日　神宮

日本ハム	010	000	000……1
ヤクルト	000	000	000……0

勝 吉川　S 武田久　敗 赤川

当たり前のことを、当たり前にやれ――。

10連敗を喫したヤクルトに贈る言葉は、この一言に尽きる。

大きな連敗を喫すると「負けたという結果」ばかりが重くのしかかってくる。本当ならその原因を究明しなければならないが、目の前の敗戦の重さに敗因がぼやけてしまいがちだ。どんどん基本から遠ざかってしまう。すると「起死回生の一発を待つ」「投手の完封に期待する」といった願望に頼り、ますます深みにはまるのだ。

自分たちの足元を見つめ直し、本来の野球を思い出すしか道はない。ヤクルトの野球とは、何か。打線がコツコツと取った点を、投手陣が必死につないで、僅差で勝つ――。これではないか。

この夜のヤクルトにはあまりに「当たり前」でない攻撃が続いた。

一回無死一塁で、田中は初球の外角直球をバスターで遊ゴロ併殺打。二回無死一塁では、宮出が甘い直球系を3球打ち損じてファウルした末に、落ちる球に手を出して空振り三振。両者に共通しているのは、打席での備えがないことだ。

ベンチはいずれも送りバントを選択しなかった。ならばそこでなすべき仕事は「つなぐ」「進める」だけだ。ところが一回の田中は、右へ打てる甘い外角球を引っ張った。同じ併殺打でも二ゴロならまだ許せる。こうした打撃をされると、ベンチは積極策が取れなくなる。宮出も、最低でも「進める」ことを考えれば、大振りはできない。直球が来ているのに力みかえり、バットを寝かせてコンパクトにといった考えは見えなかった。

五回先頭で左前打で出塁したミレッジが、続く田中の2球目に捕手からの牽制《けんせい》球で刺されてしまった。信じられない走塁ミス。初球のバントファウルで、捕手の鶴岡はリードの大きさに気付いていた。刺すために外角のボールを投げさせ、狙い通りに刺されてしまった。

1点ビハインド。確実に二塁へ進塁するための基本は「バントを転がしたのを見てから走る」というものだ。バットに当たる前から飛び出すなど言語道断である。

一回の田中、二回の宮出は打者として「当たり前」ができず、ミレッジは走者としての「当たり前」ができない。この「当たり前」こそ、ヤクルトが見失っているものではないのか。そしてお手本は、同じベンチにいる。

3安打した宮本の打撃を、他の選手は見ているか。一回の安打は二塁手の頭上を狙ったものだった。初球ボールの2球目を「まず内角には来ない、外でカウントを稼いでくるだろう」と外角へ目を付けて備え、コンパクトに打ち返した。打撃の基本とは「謙虚に備えて、素直に打ち返す」ことにある。2000安打を達成した宮本は、「当たり前のこと」を続けているではないか。

各自が局面に応じた「当たり前の仕事」を理解して実行する。首脳陣は念を押す。起死回生を願うのではなく、こうした一連の作業こそが必要である。

楽天に足りないのは、この2つ

5月31日　東京ドーム

楽天	000	100	001	……	2
巨人	010	003	00X	……	4

勝 内海　S 西村　敗 ヒメネス

楽天野球団は、創立8年目を迎えた。そろそろ「優勝」という結果を残さなくてはいけない時期にきている。監督としてこのチームに身を置いたことがある私は、どうしても、その観点から試合を見てしまう。そして、痛感する。足りないものは、次の2つだと——。

グラウンドにおける戦術面で言えば、データの活かし方。大局的な戦略面で言えば、チーム編成である。

データの活かし方では、六回の守りだ。「ミーティングで確認していないのか」。思わずボヤきたくなった。

スコアは1－1。先発のヒメネスは先頭の阿部をストレートの四球で歩かせた。続く高橋由の初球が、問題となる。

内角を狙った直球が中に入り、右中間席への勝ち越し2ランとなって消えた。「超積極的なタイプ」で直球しか待っていない打者に、思い切って振れる四球の後の初球に、直球とは……。選んではいけない球だった。

しかも状況は、8割が得点に結びつくといわれる先頭打者の四球の後。投手も「しまった」と思っている。動揺がおさまらず、修正がきかないうちに、捕手が内角の厳しい所を要求しても、狙い通りには来ない。死球でピンチを広げることを警戒し、ボールは甘く入る、と認識すべきである。

さらに高橋由には、前夜（30日）田中の直球を左中間席へ決勝2ランされたばかりではないか。勢い込んで振ってくることを逆手にとり、変化球を引っかけさせるなど、直球は捨て球にして、あくまで変化球で勝負――。こういう基本的な攻め方の確認が、なされていなかったとしか思えない。データ野球を推し進めてきた私には、もどかしくて仕方ないのだ。

もうひとつは、編成の重視である。

巨人と比較して、明らかに戦力は見劣りする。村田、阿部と日本人選手が中心にどっしり座る巨人に対し、山﨑が去った楽天は3、4、5番が固定されず、3割打者もタイトルホルダーもいない。星野監督が願う補強も、なかなか実現しないと聞く。

「中心なき組織」は、機能しない。

私は編成担当やスカウトに、選手獲得にあたって、こう依頼してきた。

「足が速い、球が速い、打球を遠くへ飛ばす。そういう、努力では得られない能力を持った選手を、取ってくれ」

努力で補える部分は、現場の監督やコーチで何とかできるが、天性の才能は、作りようがない。

楽天のチーム編成を見ていると、依然として発展途上のオーダーである、と感じざるをえない。

今季は現在3位。幸い今はクライマックスシリーズがあり、3位になれば、日本一になるチャンスもある。そのためには、データや基本を洗い直し、1球の大事さ、1勝の重さを、かみしめ続けること。もちろんその先には、編成を重視、強化し、常勝軍団を築くことがある。名誉監督として私は、それを切に願う。

杉内を過大評価したソフトバンク

6月5日　ヤフードーム

巨　人	000	103	100	……5
ソフトバンク	000	000	001	……1

勝 杉内　敗 山田

目の前の敵を評価することは必要だが、過大評価は禁物である。一回のソフトバンクと、四回の巨人。この2つのバントには、杉内に対する両球団の評価の高さが表れていた。

ノーヒットノーランを達成した次の登板。しかも昨年まで所属し、FAで自ら背を向けた古巣との対戦。百戦錬磨の杉内であっても、少なからず動揺するものだ。一回、先頭の明石にストレートの四球。続く本多への初球の直球は高めに外れ、2球目のスライダーも外角への明らかなボールでカウント2－0。地に足がついていなかった。

だが、本多は3球目、初めてストライクゾーンに来た直球を簡単にバントして走者を進めた。この1球が、試合の成り行きを決めてしまった。私にはこの「判で押したようなバント」が最善策だったとは到底思えない。

本多の犠打は、明石を得点圏へ進め、クリーンアップが返す舞台を整えた。しかし、ソフトバンクが得た「一つの進塁」と、杉内が得た「一つのアウト」のどちらが大きかったかを比較すると、後者だと考える。

本多に1球待たせれば、杉内はたとえワンストライクを稼いでも安心できない。走者は今季17盗塁の明石。「次は送ってくるか、走ってくるか、エンドランか……」。迷いは晴れないままだ。

川﨑（2012年はシアトル・マリナーズに所属）&本多のコンビだった昨年も、ほぼ100%犠打だったかもしれない。だが、それは杉内も知っている。2－0から1球待てば「今季は野球が違うのか」と迷う。このバントで「昨年までと変わっていないな」という、精神安定剤をプレゼントしてしまったのだ。

「待て」は一見、消極的に思えるかもしれないが、それは違う。相手に迷いを生じさせるため、1球捨てるのであれば、立派な積極策である。誰もが動きたい場面で待つことは、実際には勇気が必要だからだ。

対する巨人は、四回無死一、二塁で、阿部に送りバントを命じ、エドガーの先制犠飛につなげた。原監督は「杉内はまず先に失点はしないだろう」と阿部にバントを命じたのだろう。杉内が不安定だった立ち上がりを切り抜け、それを確信したのだ。

エースの杉内が投げている――。

この事実をどう受け止めるか。巨人が「1点勝負で勝てる」と考えるのは当然のことだ。だが、ソフトバンクも同じ考えではいけない。

杉内と山田を比較すれば、明らかに杉内の格が上。ソフトバンクは「1点勝負になると分が悪い」のだから、できるだけ多くの点を奪う方策を考えるべきである。

その視点があれば、一回、先頭打者にストレートの四球が出た時点で「ここは2点、3点奪うチャンスだ」と考えられる。本多にはあえて「待て」のサインを出し、ワンストライク捨ててでも杉内を迷いのふちに誘い込む。杉内をよく知る古巣ソフトバンクだからこそ、採ることのできる戦略だったのではないか。

人間は、他者からの評価で生きている。たとえ自分に自信を持っていても、自分の価値は他人が決めるものだ。しかし敵を過大評価しておびえているばかりでは、有効な対策は打てない。自他の戦力を正当に評価することが、勝負に臨む第一歩であることを忘れてはならない。

「待て」のサインは積極策

6月8日　東京ドーム

西武	010　030　200……6
巨人	001　000　030……4

勝 西口　S MICHEAL　敗 澤村

なぜ巨人は、勝負どころの最終回に、あっさり攻撃を終えてしまうのか。私が見ただけでも、この1カ月のうちに3度目である。これはもう、選手個々の責任だけではあるまい。原監督、そして球団フロントの姿勢に、言及させてほしい。

この日でいえば、2点を追う九回だ。先頭の長野はボールスリーから、真ん中高めの直球を見逃した。ここまでは良い。

本塁打が出ても1点しか入らない。最低でも走者1人が必要な場面で、1番打者に求められるのは、いうまでもなく出塁である。しかしカウント3－1からの5球目、シュート回転で内角高めに外れてくる球に手を出し、中飛に倒れた。

私がこれまで監督を務めてきたチームでは、「もう1球、待て」のサインを出す。ここで手を出す選手には「なぜ待てないのか。3－1もフルカウントも同じじゃないか！」と。なぜか。

西武・MICHEALは、守護神と呼べる存在ではない。昨年まで巨人に在籍していたのだから、巨人の打者も承知しているはずである。ましてセーブが付く場面では今季初登板。制球はままならず、3球目まですべてスライダーが大きく外れた。

1つ直球でストライクを取ったものの、「変化球が決まらない」という不安は、ひとつもぬぐえていない。「打ち損じてくれ」「ボール球に手を出してくれ」。こんな精神状態だったろう。長野はまさに、そういう打撃で、MICHEALに助け舟を出してしまった。

これまでも評論してきたが、「待て」のサインは消極的に見えて、実は積極策である。相手が嫌がることを、とことん続けて追い詰める。私なら「バントの構えをしろ」とも指示する。フォームが定まらないのだから、慌てて前進させれば、次球ではもっとバランスを崩すはずだからだ。

だが巨人の打者は1球を待てない。5月10日のDeNA戦では、1－1の同点の九回二死で、一塁に足のスペシャリスト・鈴木を置きながら、長野は盗塁を待たずに初球外角低め直球に手を出して遊ゴロ。同28日の日本ハム戦では1－3の九回、凡退した3人がすべて初球の外角球に手を出して内野ゴロ……。

昨年9月29日、神宮での「ヤクルト─阪神」を評論した。八回、先頭のヤクルト・川島慶が同じ状況でこの1球を待った。フルカウントになったが、結果四球を選び、阪神・能見を打ち崩した。自主的に待ったのだという。巨人の打者が、「待つ」ことができないのなら、もはや監督が、それらの指示を1球ごとに出すべきだ。

「六回までは好きにやれ。七回からは監督の言うことを聞け」。これは私が南海時代、ドン・ブレイザーから教えられた、大リーグ流だった。監督の仕事は接戦の終盤にこそある。まだ走者はいなくても、終盤の大事な先頭打者であれば、サインを出すべきだ。

いや、原監督だけではなく、球団フロントにも提言したい。

「意味のある凡打の査定を、もっと手厚く」。投手を苦しめる、走者を走らせる――。待球でカウントを不利にした結果、凡退しても、査定上はきちんと評価する。私がヤクルト監督時代、毎試合後に、査定担当とチェックしていた項目である。

新聞紙上の個人成績表ではわからない、チームを思うプレー。これこそプロセス重視主義、チーム優先主義である。球団がそれを評価する姿勢を見せることで、長野、坂本ら才能豊かな選手たちが、深みのある野球を見せてくれる。それが、巨人という伝統球団のあるべき姿であってほしいのだ。

杉内、渡辺俊がはまった「自分本位のわな」

6月11日　東京ドーム

ロッテ	013	000	000	……4
巨　人	000	233	00X	……8

勝 高木康　敗 中郷

交流戦優勝を争う大事な一戦で、日本一を経験したこともあるロッテ・渡辺俊、巨人・杉内の投げ合いが、まさかの打ち合いになった。ベテラン技巧派の渡辺俊に、ノーヒットノーランを挟んで3試合25回無失点を続けていた杉内に、何が起きたのか。私には、両投手が「自分本位のわな」に陥ったように見えた。

渡辺俊の場合の「自分本位」とは、勝ちを急ぐ。早く終えたい。丁寧さを忘れる。結果、打たれる――。これだった。「勝てる」「勝った」こう思った瞬間が、勝負事では一番危うい。

四回一死一塁から、高橋由に1ストライクからの2球目、真ん中スライダーを右中間二塁打され、続くエドガーの右前2点打は初球の真ん中直球。五回は先頭の長野に1ボールからの2球目外寄りスライダーを中越え二塁打された。どれも早いカウントで浴びた痛打だった。

巨人打線には「超」が3つ付くほど積極的なA型打者が並ぶ。ひたすら「来た球を打っていく」天才型、理想型であり、球種にヤマを張る、コースに絞るといった思考型ではない。だから走者がいても初球から打って凡打……という「積極性の勘違い」が多い。4点リードされ「初球から打っていこう」と、巨人打者はさらに積極的になり、渡辺俊の「早く終えたい」という自分本位とかみ合ってしまった。

こうした巨人の打者と対するには、「初球から追い込んだつもりで投げろ」が鉄則だ。カウント0－2、または1－2と追い込んだつもりで投げる。ストライクゾーンで勝負する必要はない。高め空振りゾーンへの直球で誘って、空振り、またはポップフライを打ち上げさせる。低めゴロゾーンへの変化球を引っかけさせる。逆に、焦ってカウントを稼ごうとすることだけは禁物である。

ところが渡辺俊は、こうした巨人打者の特性より、自分自身のスタイルである「テンポのよさ」「勝負の早さ」を優先し、ストライクゾーンへ気前よく投じ、結果として投げ急ぎとなった。「自分は典型的な技巧派」ではなかったのか？

杉内にも、同じことが言える。一回は10球で3者凡退。二回も連続三振で二死を取りながら、今江に初球、外角から中へ入るスライダーを右へ本塁打された。今江はやはり超積極的なA型打者。だが左投手が右打者へ投げるスライダーは、甘く入れば直球と軌道が重なるため、狙わずとも簡単に打ち返せる。「ボール球で誘って積極性を逆手に取って打ち取ろう」という慎重さがあれば、この本塁打は避けられた。

さらに三回二死、サブローにカウント1－0から、外角から中へ入るスライダーを右中間へ2点二塁打された。サブローも直球待ちのA型打者だが、チャンスでは球種にヤマを張ったり（D型）、内外角にコースを絞って（B型）対応してくる。

杉内－阿部バッテリーの「傾向」もあった。今季これまで、第1ストライクはほとんど外角で稼いできた。うち8割が直球で、2割がスライダー。右打者の今江もサブローも、左投手で最もマークすべき内角直球が、初球にはほとんど来ない。そうわかっていれば、外角球を思い切り良くスイングできる。

「彼を知り、己を知れば、百戦殆《あや》うからず」

孫子の兵法である。自分の投球スタイルを築き上げた両投手でさえ、相手の考えや変化を察知できなければ、「自分本位のわな」に陥って大失敗する。2000年以上も語り継がれてきた勝負事のイロハ、先人の教えは、今も生きている。

釜田が初完投勝利をあげた理由

6月17日　Kスタ宮城

巨人	000	010	000	……1
楽天	200	000	00X	……2

勝 釜田　敗 杉内

初完投劇――。楽天・釜田のプロ初完投には、まさに「劇場」さながらの舞台装置が、整えられていた。本人の資質、捕手や相手との巡り合わせが絡まり合って、生まれたものだといえる。

釜田の特徴は、怖いもの知らずともいえる強靭《きょうじん》な精神力と、苦しいときに外角低めへ投げられる「原点能力」の高さである。

この日、打者34人に対して、投手に不利なカウント2－0となったのは、4度だけ。高校出ルーキーが、巨人打線相手に、逃げずにストライクを先行させる。これは簡単なことではない。

しかもこの4度の2－0のうち3度は、3球目に外角へ直球系を投げた。阿部（二回、左飛）、小笠原（五回、3球目は見送り、結果は二ゴロ）、長野（八回、3球目はファウル、結果は三振）――。いずれも直球なら何でも振ってくるタイプ打者にもかかわらず、不利な2－0から「困ったときの原点」を実践した。

釜田の無心、無欲のたまものかもしれない。しかもそれが、捕手・小山桂のリードと合致した。

怖さを知る捕手なら、超積極的な巨人打線相手に、真正直に直球でストライクなど要求できない。私がシダックス時代に指導した小山桂はもともと「表」のリードをする捕手で、打者の読みを敏感に察知して外すという「裏」のリードはしないタイプだった。高卒ルーキーの釜田には高度な技術もなく、小山桂の「表」のリードがはまったのだろう。

釜田が通用した、もう一つの大きな理由は、巨人の〝事情〟にある。

前日（16日）に、セ・リーグ球団として初めて交流戦優勝を果たした。人間だれしも、一区切りつけば、安心するもの。この日の打撃は、そう思えるほど淡泊だった。

スタメンに左打者を6人も並べながら、そろって内野ゴロの山を築いた。しかも亀井、阿部、高橋由、小笠原、古城が、二ゴロを2本ずつ。その10本中8本は、直球系を引っ張ったものである。これほど強引になった理由は何か。

巨人ベンチは試合前、釜田を「本格派」と見立てていた、と聞いた。力負けしないぞ、と身構えているところに、釜田の直球の球速は事前の評判の150キロには届かない。実際に対戦して、手頃な球速に映っただろう。超積極的な打線はさらに強引になる。

「低めに手を出さないように」と高めに目付けをするでもなく、「センター中心に」と素直に打ち返すでもなく、ただ強引に、引っ張り続けた。速球系を打ち損じてファウルでも打とうものなら、さらに力んで意外と多い変化球に引っかかる……。

無意識に、相手はルーキーだとなめたのか。気が緩んで集中力を欠いたのか。交流戦優勝決定後の〝消化試合〟の空気さえ、私には感じられた。

一方で、今後もクライマックスシリーズ進出圏の3位を争う楽天にとっては、後で効いてくる1勝であることは間違いない。交流戦では〝消化試合〟でも、リーグ戦では大きな1勝である。

それ以上に釜田にとっては、今後の長い野球人生に効いてくる白星だろう。もし巨人の優勝がこの試合にかかっていたら、釜田が平常心で投げられる保証はなかった。

釜田の真の評価は、今後の投球を見ずに下すことはできない。だが、斎藤佑樹の言葉で流行した「持っている」を借りるならば、釜田も確かに持っている。

それは単に強運だけではない。投手に必要な原点能力、そして「オレが試合の中心にいるんだ」というエースに必要な精神力――。この２つを「持っている」ことが、釜田の将来を明るく照らしてくれるはずである。

澤村への助言「欲を捨てよ」

6月23日　東京ドーム

ヤクルト	300	010	000	……4
巨　人	000	401	11X	……7

勝 マシソン　S 西村　敗 山本哲

ここ5試合で0勝4敗。巨人・澤村は、なぜ勝てなくなったのか。

私の目には、決して不調とは映らなかった。考えられる原因は、次の通りである。

結果ばかり追って欲が先行し、制球を乱している――。

一回のマウンドに、この3段階が凝縮されていたため、そう言わざるをえないのだ。

先頭のミレッジに四球。カウント2－2から直球が決まらず、最後はスライダーで歩かせた。田中の初球バントで、アウト1つを助けてもらったというのに、川端には0－2と追い込んでから、直球系で押し、ファウル、ボール、ボール。苦し紛れのスライダーを中前に先制打された。

いずれも〝力〟で押し、打ち取りきれなかった末に、である。

奪三振という欲を追って陥ったのは、5番のバレンティンに対する初球、犯してはならないコントロールミスという、最悪の連鎖だった。

アウトカウントは2つ。最も警戒すべきは、一発である。外国人打者は超積極的であり、かつ選球眼は悪い。以上を踏まえれば、初球から「勝負」、あるいは「誘う」べき場面である。

しかし、澤村はカウントを「稼ぐ」から入った。初球、外角を狙ったスライダーが甘く入り、2ラン。低めへ落とすとか、外角変化球で誘うといった明確な意図は感じられず、ストライクゾーンへ置きにいったとしか見えなかった。

三振を取りたい。早く打ち取りたい。欲が結果を求め、立ち上がりの3失点となって跳ね返ってきたのである。

私が監督として、数多くの投手に聞いたところ、ほとんどが「速い球を投げたい」「ストレートで三振を取りたい」という、無意識のうちの欲を持っていた。

「150キロのど真ん中と、130キロの外角低め、どちらが打ちにくいか」。答えはもちろん、後者である。打者が直球を待っているときに直球で空振りが取れるのが真の速球派で、私が現役時代に球を受けた中でも、杉浦忠（故人）くらいしかいなかった。通常は、スピードよりコントロールが重要なのだが、それを理解してもらえない投手が多かった。

澤村も、昨年から今季前半のいいときは、少ない球数で、テンポよく打ち取っていた。この日も二、三、四回は、それぞれ13球、10球、9球と、テンポよく無失点に抑えている。三振は狙わず、制球重視で、打たせて取る。これが本来の投球だったはずだ。

その姿を、試合では忘れる――。思い出すのは私の阪神監督時代。井川慶（現オリックス）のことである。ブルペンでは調子がいいのに、試合では四球から崩れた。ボール、ストライクがカウントされると、思い通りに投げられない。結果を先に考えてしまうからだ。

そこで当時、横浜戦の試合前に、こう指示した。「石井、波留《はる》、鈴木尚、ローズら強力な打者の姿は、視界から消せ。捕手の矢野のミットだけを見て投げろ。的当て投法や」。井川はダーツゲームが得意だったため、そう表現したところ、効果は絶大。プロ初完投をマークしたのである。

雑念を払うということは、イコール、欲も捨てるということだ。今の澤村にも、的当て投法が必要なのではないか。

コントロールを重視すれば、バランスに気を付ける。バランスがよくなれば、理にかなったフォームとなる。すると逆に、球のスピードも増すのである。

「満は損を招き、謙は益を受く」

速い球、奪三振などといった自己満足の欲は捨て、謙虚に、制球から見つめ直すべきだろう。プロの世界に入った以上、欲を持つことはいいことだ。その欲から入って、いかに欲から離れるかが、試合に臨む上では必要なのである。

弱点のはずの内角球が……

6月24日　東京ドーム

ヤクルト	000	110	000	10	……3
巨　人	001	001	000	10	……3

（延長十一回規定により引き分け）

安全性と利便性は、危険と隣り合わせ――。改めてそれを思い知らされた。巨人―ヤクルト戦のソロ本塁打4本のうち、3本が、その隣り合わせから生まれた。「弱点のはずの内角攻め」が、「便利な球種のスライダー」が、一転して、危険な1球となって痛打された。これが野球の怖さ、意外性である。

内角球でいえば、ヤクルトの2発である。四回の宮本、延長十回のミレッジ。長距離砲ではない2人がスタンドまで運んだのは、どちらも内角の直球だった。

上体を前傾させて構えるクラウチングスタイルで、しかも来日1年目のミレッジは、特に左投手のクロスファイアで、懐《ふところ》を攻められることが多い。今回の巨人3連戦でも、23日までの2試合で計3度、内角球で打ち取られた。この日も2打席目までは、内角球で投ゴロと二飛だった。

宮本も右打ちが専売特許で、非力な打者。バッテリーは右へ打たせまいと内角中心の配球で攻め、1、2戦目でも計4度、内角球で打ち取られていた。

巨人・阿部からすれば、ミレッジにも宮本にも、内角直球を投げ込んでおけば、少なくとも本塁打はない……という油断があったのだろう。

しかし、内角に弱いタイプにも、実は2種類ある。「内角を狙われても打てない」。つまり、力も技術もないタイプ。そして「内角を狙われれば打たれる」。力か技術のどちらかは備えており、内角にヤマを張れば打てる、というタイプである。ミレッジと宮本は、まさに後者だった。

ミレッジは本来、大振りしない打者で、直球を待って変化球に対応しようとする「A型」。だが外国人打者は、追いこまれたり、接戦の終盤などの状況によって、内外角どちらかに絞る（B型）、ウイニングショットにヤマを張る（D型）など、対応を変える打者が多い。

ミレッジはこの3連戦の傾向から、失点が許されない延長十回に「やはり内角で攻めてくるだろう」とB型で臨んだのだろう。コンパクトなスイングでも、狙っていれば、外国人特有のパワーでスタンドインできた。

内角球を投げる目的は、主に以下の4つである。①外角を広く生かす②打者が外角狙いで来ている③走者一塁で併殺を取りたい④打者が苦手としている――。ミレッジには④で対したが、最も楽で、単純なため、一辺倒に陥りやすい。

宮本の場合には、巨人・杉内は「外角に投げようとした」と振り返っていたようだ。だが宮本には内角直球をさばける根拠があった。1点を先制された直後で、二死走者なし。次打者から下位打線になるため、必要なのは、いつもの「つなぎ」ではなく長打。引っ張って長打にできる内角球に意識を置いていた。だから鋭く振り抜けた。

一方で、「便利な球種」スライダーの危うさが表れたのは六回、阿部に初球を打たれた同点本塁打だった。

スライダーで最も効果があるのは、ストライクゾーンからボールになる球である。また打者がカウントや配球から「ここはストレートが来るだろう」と読んでいるとき、これほど有効で便利な球種はない。特にスライダーとシュート系のコンビネーションが生命線の技巧派、石川にとっては、なおのことだ。

しかし、1球目、カウントを稼ぐときは、とたんに危険な球と化す。追い込んでからの勝負球では思いきって腕を振れるが、ストライクを取りに行くと、無意識のうちに手加減して腕の振りが緩み、打者とタイミングが合ってしまう。しかも阿部への1球は、ストライクゾーンからストライクゾーン。内角高めから真ん中寄りに入ったもの。これほど、とらえやすい球はない。

点差やカウントごとに状況が変わり、同一カードの3連戦目ともなると、相手も変化し、対応してくる。安全ゾーンが危険ゾーンに、便利な球種が危険な球種に一変するのは、そのためである。「スライダーに頼る者スライダーに泣く」である。

「生涯一捕手」を座右の銘としてきた私は、「1試合で最低9人を相手にする捕手とは、かくも大変な職業である」と、自戒し続けてきた。同一カードが最大で7試合続く日本シリーズでの苦心は、筆舌に尽くしがたいものがある。今季、クライマックスシリーズ（CS）、日本シリーズを目指す両チームのバッテリーには、今からそれを肝に銘じてもらいたい。

捕手に必要な投手との「会話」

7月6日 東京ドーム						
阪神	000	100	101	……	3
巨人	420	000	00X	……	6

勝 澤村 敗 メッセンジャー

捕手は、黙っていてはいけない。投手と常に「会話」をしなくてはいけない——。

私が現役時代から、自らに言い聞かせてきた言葉を、阪神の敗戦を見て、思い浮かべた。

二回までに6失点。阪神のメッセンジャーが、制球を乱してKOされた。不調に尽きるといえば、それまでである。

一回、1番の長野、3番の坂本への四球がことごとく失点につながり、揚げ句に投手の澤村へは、ツーストライクと追い込んでから、押し出し四球。二回には先頭の谷に、ど真ん中の直球を本塁打された。制球で崩れるタイプではないメッセンジャーからすれば、背信投球とも言える。

しかし、責任の半分は、先発マスクをかぶった今成にもある。今季途中から移籍してきた控え捕手で、投手との呼吸が合わなかったことを割り引いたとしても、リードのしようは、あった。

私が培ってきたそのノウハウを、今成に伝えたい。

投手のコントロールが悪いとき、リードする上で大事なことは、極端に寄って構えることである。そして、例えば外角球を要求する場合、外側に寄ったあと、ミットを体の真ん中に置く。

コースを狙おうとするから、ボールになる。

「俺のミットを目がけて投げ込んでこい」

コースではなく、ど真ん中——。そういう意思表示をしてあげれば、投手も肩の力が抜け、フォームを崩さない。

しかし、極端に構えるときには、早く寄りすぎると、打者の視界の端には捕手の動きが映り、コースがバレる危険がある。巧妙な打者ほど、顔を少しだけ動かし、捕手の位置を確認するものである。

だから、私は球審の方に30センチほど下がってからコースに移動した。

そうすると、打者の視界から捕手が消える。打者は、こう勘違いする。

「視界の端に映らないということは、内角に構えているんだ」

また、走者が一塁にいるとき、次のようなサインを決めておくことも多かった。

「牽制球を投げたあとは、一塁手からボールをもらったら俺のサインを見ずに外角スライダーを投げてこい」

投手が牽制球を投げると、打者の視線は、不自然ではない形で右側に寄る。そのとき、やはり捕手が視界にうつらないと、同じように「内角だ」と勘違いし、スライダーでバットに空を切らせるのである。

投手がコースに投げやすいように極端に構える。そのときの捕手の動きで、打者の読みを逆手にとり、勘違いさせ、打ち取る。思い返してもらいたい。そもそもの〝スタート地点〟は、投手のコントロールが悪いという、マイナスの状況だったことを。

似たような策としては、打者が直球をファウルしたあと、投手に向かって「タイミングが合っているぞ」と声をかける。すると打者は、やはり勘違いする。「次は変化球か」と。こちらのサインは、また直球でいいわけだ。

投手心理、打者心理を、いかに自軍に有利に働かせるか。実際に声を出すだけでなく、サインを出すのも、極端に構えるのも、すべて「会話」として、私は利用してきた。今の捕手は総じて、サインも単純だし、構え方も弱い。そこにバッテリー間の「会話」は感じられない。

二線級投手や、不調な投手をいかにリードするかが、捕手の醍醐味であり、使命である。投手の出来がよければ抑え、悪ければ打たれる。この繰り返しでは、スポーツとしての深みなど、ない。捕手は女房役という。すなわち旦那さんである投手のいいところを引き出し、気持ちよく投げさせてやることが主な仕事である。

なぜ「抑えて当たり前」の選手に打たれたのか

7月7日　東京ドーム

阪神	032	000	000	……5
巨人	120	030	10X	……7

勝 高木京　S マシソン　敗 能見

10勝一番乗りを狙った杉内と、開幕投手でチーム勝ち頭の能見。巨人と阪神のエース格の左腕対決が、なぜ打ち合いになったのか。私には「安易な」「楽な」ピッチングに走ったためと映った。

スライダーとチェンジアップを生命線とする技巧派が、その変化球を安易に投じ、下位の打者を楽に抑えようとして、計算外の失点を重ねた、と——。

杉内の二回の3失点は二死後、7番以下に3連打されたものだ。その最たるものが二死一塁から能見に浴びた右翼線二塁打。カウント1－2と追い込みながら、真ん中から外角寄りに流れるスライダーを、痛打された。

杉内には、次のような気持ちがあったのではないか。

「相手は投手。追い込んでもいるから、変化球を投げておけばいいや」

何度も評論してきた通り、ピンチで打席に投手を迎えたときは、野手に対するときと同じ気持ちで投げなくてはいけない。追い込んだのならなおさら、内外角、高低、そして球種と、幅広く使いながら勝負する。

そして、スライダーで勝負する場合、最も効果的なのは、ストライクゾーンからボールになる球である。しかし、杉内が投じたのは、ストライクゾーンからストライクゾーンに流れるもの。これは投手でも打てる「半速球」になる。スライダーを武器とする投手が、この哲学を忘れる。だから「変化球を投げておけば」と、安易に走ったとしか思えないのだ。

能見にしてもその裏、あっさりとソロ本塁打2本で追いつかれた。ここにも「変化球を投げておけば」との気持ちが、透けてみえる。

まず8番の寺内に、スライダーを左翼へ運ばれた。初球が内角チェンジアップで空振り。2球目のスライダーが、それより高く入ってのものだ。

初球に変化球を空振りした打者は、タイミングやボールの軌道に合わせようと、修正してくる。そこにまた変化球。しかも、より高めに投じては、打ってくださいと言っているようなもの。「カウントを稼ごう」「打ち取ろう」との明確な意識があれば、あの高さには行かないはずだ。

1番の長野に浴びた同点ソロも、カウント1－2からの内角高めチェンジアップ。この球を武器とする能見が、こうも高めに投じては、安易な変化球頼みといわれても、仕方ないだろう。

人間誰しも、どこかで「楽」をしたい。試合の中で言えば、下位打線や投手を打席に迎えたとき、早々に追い込んだときなどである。楽に打ち取って早く終わりたい――。この願望が、悪魔のささやきとなる。

どんな投手でも毎試合、完封などできない。中軸打線に打たれるのは、仕方ない。抑えて当たり前という相手に打たれることが、大量失点と敗戦に直結するのである。

「一球入魂」。速球派でも技巧派でも、これを忘れてはいけない。不動のエースとまでなりきれない両投手には、最も必要な言葉だと思う。

「真ん中周辺」は隠し味

7月12日　東京ドーム

広島	001	000	010	……	2
巨人	310	000	02X	……	6

勝 澤村　敗 今井

「バッターを料理する」と言う。白球という名の〝包丁〟を握り、球種とコースで自在に〝味つけ〟しながら、打者を打ち取る——。投手に与えられた特権である。

澤村には、この「料理」という意識が、あるのだろうか。二回で早々に4点の援護をもらい、相手は低打率の広島。スイスイと完投勝利も狙える試合展開なのに、六回で108球も費やし降板。もったいない。イライラする。

私には澤村がただ阿部のサイン通りに投げている、つまり「素材」を並べるだけで満足し、調理を忘れている、と映った。エースになれる能力を持ちながら、今季7勝7敗と伸び悩んでいる原因は、そこにあると思えてならなかった。

二回一死一塁で丸を左飛。四回無死一塁では岩本を右飛。ともにカウント1－1から、直球を打ち上げさせた。進塁打も許さなかったのだから、上出来では……と言うかもしれない。

しかし、いずれの場面でも、最も欲しいのは併殺である。そして澤村には、ゴロゾーンに落とせば、引っかけさせて内野ゴロに取ることが可能な、スライダーとフォークがある。「直球のサインが出た」「コースに決めよう」という思考回路で終わらず、「直球を見せ球にした後、低めの変化球で併殺を取ろう」とまで考える。そういう明確な目的意識がないから、余分なアウトを取る必要が生じるのである。

六回一死無走者で丸をカウント0－2と追い込んだ後に、9球も投げた末、四球で歩かせたのも、余分の極みだ。内外角、高低、緩急といくらでも使える場面。「ボールにしよう」「様子を見よう」「ファウルで稼ごう」「空振りさせよう」……。白球にしっかりと意思を込めれば、無駄な球数と走者を出さずに済んだはずだ。

標準以上の速球を持ち、低めにも落とせる。強烈な印象に残っている投手がいた。村山実（阪神、故人）である。

長嶋茂雄（巨人）の打ち取り方を質問したとき、その答えは、目からうろこが落ちるものだった。

「ポンポンと2球、ボールにして、打ち気になるカウントに仕立てたところで、真ん中周辺にフォークを落とすんです」

内角、外角については、打者も選球眼を働かせようとするため、見送られたり、ファウルで逃げられる。ところが真ん中周辺は、その意識が薄れる。しかも高めと低めの見極めは、実は内外角より難しい。村山はまさに、明確な目的意識という包丁さばきで、しかも真ん中周辺という〝隠し味〟まで入れて、打者を料理していたわけだ。

対して澤村はどうか。捕手のサイン通りのコースに、目一杯の球を投げ込む。一軍レベルで満足ならばいいが、それだけでは私は不満である。

6月23日のヤクルト戦で澤村に私は「結果ばかり追って、欲が先行し、制球を乱している」と評論した。次の登板で勝った澤村が「勝ちたいという欲ばかりでした」というようなコメントを発したのを知り、しっかり自分を見つめ直したなと、感心したものだ。エースになれる能力があるのだから、ぜひ、この「料理法」も吸収してもらいたい。

ボール（球）は裏切らない。投手の考え、狙い、意識、感情のすべてを背負って打者に向かっていくものだと肝に銘じておくべきだ。

最下位チームと対戦するときの大原則

7月25日　東京ドーム

DeNA	100	000	010	……	2
巨　人	200	310	00X	……	6

勝 澤村　敗 国吉

2位・中日に4・5ゲーム差をつけて後半戦の開幕を迎え、しかも、相手は最下位に沈むDeNA。巨人は、余裕しゃくしゃくで順当に勝った。それでも私には、物足りないとも映った。

優勝を争うチームには「最下位相手の戦い方」がある。また「チャンピオンらしい戦い方」もある。この2点を、巨人は追求すべきだ。

「先に点を取れ」

これが、最下位チームと対戦するときの大原則である。これから先、上位進出の望みがなくなってくるチームの選手は、フォア・ザ・チームの精神が消え、勝敗に対するあきらめが早くなる。私はこうした相手と対するときには「先に3点を取れ」と指示した。3点は安全圏、これが経験則だったからだ。そして「絶対に先に点をやるな」とも言った。先手を取らせると「きょうあたりは勝てるかな」と〝その気〟にさせてしまうからだ。

澤村─阿部のバッテリーは一回、下位チームへの先制点を与えてしまった。不用意に走者を出し、不用意に打たれた。

一死後、内村に四球。初球、外角直球のストライク後、4球続けて直球がボールとなった。内村はシーズンで150安打するほどの安打製造機でもなければ、長打があるわけでもない。楽天で新人時代から指導してきた。足の速いことだけが特徴である。警戒すべきは、四球で出塁を許し、走られること。それだけである。

内村に対しては安打を警戒するよりも、四球を警戒するべきで、神経質にコースを突くよりも、ストライクゾーンの直球で追い込み、変化球をひょいと曲げる──。大胆に攻めてよかった。

案の定、内村に二盗されたあと、4番ラミレスに先制の左前打を浴びた。カウント1－1からボールゾーンの内角直球だったが、バットを折りながらも力で打ち返された。超積極的な外国人打者、しかも走者を置いた状況だけに、追い込まれるまでは直球に意識を置く。内角直球を要求すれば痛打を浴びるのも当然だ。内角に投げるなら、もっと明確に、のけぞらせるほどのボール球でなければいけない。

この日の巨人バッテリーは、逆転してからも不用意な安打を許し続けた。3番・中村に許した2安打は、カウント0－1、0－2から。ラミレスのその後の2安打は1－2、1－1から。神経質に攻めて内村に四球を出しながら、強打者には投手有利、または五分のカウントで簡単に打たれる。大胆と繊細の使い方を誤っている。

巨人はDeNA戦を、まだ15試合も残している。今後、簡単に先制やリードを許すことだけは、避けなくてはならない。DeNA戦で貯金を増やすことが優勝への近道となるし、取りこぼしはブレーキをかけることになる。

先制は許さない。これは、対戦する投手や打者の質が上がる、クライマックスシリーズと日本シリーズへ向けて、自覚し、実践すべき課題でもある。大型補強を敢行し、日本一奪回が望まれる今季。取りこぼしのない、チャンピオンらしい戦い方を、今から見せてもらいたい。

阿部が日本一の捕手になるために必要なこと

7月26日　東京ドーム
DeNA　200　001　100……4
巨　人　011　100　21X……6
勝 西村　S マシソン　敗 篠原

打つ方は申し分ない。後半戦開幕の2試合で計5安打2四球と連勝に大きく貢献した。キャプテンに選ばれるほどだから、人望もあるはずだ。巨人のみならず、球界の顔でもある。だからこそ、阿部に言わせてもらう。走塁と守備にも神経を配り、気のないプレーや無造作なプレーは避けるべし――。

真の日本一の捕手になってほしいと願うからこそ、この日の凡プレーが気になった。

まずは走塁面。五回無死満塁のチャンスで、二塁走者にいたときだ。スコアは3－2。DeNAは、もう1点もやれないと、バックホーム態勢の前進守備を敷いた。当然、走者への牽制など、意識していない。

にもかかわらず、阿部は二塁ベースのアンツーカーから、ちょっと出たあたりに立っていただけであった。少なくとも、遊撃手の守備位置後方までは、リードできる状況なのに、である。

相手はバックホームするから三塁までは楽々と進める――。そこで思考停止していたとしか、思えない。仮に内野ゴロで本塁―一塁と転送され、ゲッツーになったとしても、自分が本塁へ突入してやる――。そういう姿勢を示し、相手へのプレッシャーをかけるべきではなかったか。

私が監督時代、選手の「フォア・ザ・チーム精神」をはかるとき、基準にしていたのは「走塁」である。打つ、投げる、これは誰でもする。成績が上がれば自身のため、チームのためにもなる。一方で走塁面は、盗塁を多く稼げる選手以外、領域外と考えがちだ。

しかし、リードの取り方や、打球が飛んでからの一歩目のスタートに、足の速い遅いは関係ない。特にリードに関しては、足が遅くても、盗塁ではなく、帰塁することだけを考えていればよい。大きくリードをとり、相手バッテリーに余計な神経を使わせ、牽制、送球を増やす。それで打者へのコントロールミスや、悪送球を誘えれば、走らずして、チームに貢献できるのだ。

阿部は守備でも、凡ミスを犯した。3－3の同点で迎えた七回無死一、二塁のピンチで、内村のバントは捕手前に転がった。右手でキャッチし、そのまま三塁へ送球した。タイミングは楽々アウトだったが、送球はファウルゾーンにそれ、勝ち越しを許してしまった。

打球を拾って、エイや、と投げるからいけない。余裕のあるタイミングなのだから、左手のミットを一度右手に添えてから、投げるべきだった。投球フォームを思い浮かべれば、わかるはずだ。左手でリードして、右手でリリースする。スローイングは、このバランスが基本であり、バランスが崩れればコントロールも狂うのである。

無造作という点では、以前から気になっていたこともある。投手とのサイン交換でちょこんと指を1本、2本、つまり「球種」を指示するだけ。「ほら、まっすぐでいいな」「どれ、カーブにしようか」程度で、親切さが足りないように映って仕方がない。

サイン交換は、手話である。どのコース、どの高さに欲しいのか。あるいはストライクを取りにいくのか、ボール球で様子をみるのか、誘うのか……。口で言えない代わりに、サインで会話する。バッテリー間が共通認識を持って初めて、打者と対決できるのである。

「他にやるやつがいないから、ノムラ、お前がキャッチャーをやれ」

私の捕手生活のスタートは中学時代の監督の、この一言だった。座ったり、立ったり、ファウルチップが当たったり、本塁上で走者と激突したり……。地味なのに、キツいポジションである。当時、子供心に「将来は捕手になる人がいなくなるのでは」と危惧したことを覚えている。

そして今、捕手の人材難の時代が来ている。これに歯止めをかけるためにも、阿部への期待度は高い。もう、打つだけで満足する立場ではない。投手をリードし、守り、走る。すべてにおいてチームを鼓舞し、範を示せる人材になってほしいと、願ってやまない。

自分本位のリードは禁物

7月31日　東京ドーム

中日	000	000	200	……	2
巨人	000	000	000	……	0

勝 大野　S 岩瀬　敗 澤村

結果は2失点。「よく抑えた」との声も出るかもしれない。左かかと痛の阿部の代役という事情もある。めったにない先発マスクで、原監督にアピールしたいと張り切るのも、無理はない。

しかし、私はあえて實松《さねまつ》に言いたい。捕手たるもの、色気を出してはいけない。自分本位のリードも、慎まなくてはならない。強打者への変化球の特性も、知るべし――。

3球の配球で、影のヒーローとなるチャンスを逸しただけに、もったいなくて仕方がないのだ。

0－0のまま迎えた七回二死一、二塁。マウンドには右投手の澤村。打席には左の森野。初球が外角スライダー（見逃し）、2球目が真ん中低めへのスライダー（ボール）。そして3球目、外角スライダーを中越えに2点二塁打された。

3球続けてスライダー。實松は、裏をかいたつもりだったろう。澤村は速球にスライダー、フォーク、カーブを交えるのが投球スタイル。通常なら、困ったときの原点投球、つまり外角への直球でストライクを取り、フォークで誘うところだ。裏をかいて、いいところを見せよう――。色気と自分本位が顔を出し、周囲や状況が見えなくなっていたとしか、思えない。

まず、森野という打者の特徴が頭から抜け落ちている。4番打者とはいえ、決して本塁打は狙わず、「なんとか走者を返そう」、この一点に集中し、センター中心に打とうと、謙虚に備えている。そして、打撃は謙虚さと備えで8割が決まる。備えとは読み、対応である。そういう打者にスライダーから入れば、こう悟られる。

「俺を怖がっている。速球勝負はない。長打の危険がある内角もない。外角の、変化球中心だ」

直前に伏線もあった。この回一死から中前打された左の大島に対しても、同じくスライダーを3球続けていた。「2球続くと、3球続く」。森野の頭には、こう意識付けされていたはずだ。

しかも、外から内に入ってくる変化球は、それ一つを集中してマークしなくても済む球なのだ。

現役時代、右打者だった私は、左投手のスライダーにヤマを張ったことは一度もない。外から入ってくる球は、外へ逃げる球とは違い、バットが届く安心感がある。軸足に体重さえ残っていれば、バットコントロールでいかようにも、さばける。だから、他の球種にマークの度合いを増やしても、スライダーには対応できた。これは、スラッガーの共通認識だと思っている。

左打者の森野にとっては、右投手のスライダーがこれに当てはまることは、言うまでもない。

實松が要求したのが、外へ逃げる変化球3つなら、まだわかる。右打者に対するスライダー3つなら、これもわかる。「裏」をかいたつもりが、最も危険な「表」の球を続けさせ、痛打を浴びたのである。

捕手とは脇役である。いいところを見せよう、などと考えてはいけない。私が実践してきたリードのよりどころの柱は「投手中心」「打者中心」「状況中心」の3つ。そこに「自分中心」が加わらないよう、自戒して捕手人生を送った。

阿部の故障が長引くことはないと聞く。實松がマスクをかぶる機会も、そう多くはないだろう。しかし、控え捕手でも、知っておかなければならないことは、いくらでもある。先週の評論で「捕手の人材難」と書いた。今すぐ阿部を追い抜こうなどとは思わず、出場したとき、いかに謙虚に、貢献できるかを考え、力を蓄えてほしい。これはすべての捕手に、伝えたいことでもある。

勝負心が伝わらない1位・2位対決

8月1日　東京ドーム

中日	100	010	000	……2
巨人	000	001	001	……2

1位・巨人、2位・中日。セ・リーグでは現状において、最高峰の対決である。おりしもロンドン五輪では、世界最高峰の勝負が展開されている。プロ野球でも、五輪に負けない戦いを——。ファンも、球界OBも、願いは同じはずである。

その期待に、高木監督、原監督とも、応えてくれたとは言い難い。ただ試合を消化していくかのような平々凡々さ。プロスポーツで大切な「勝負心」というものが、ネット裏には伝わってこなかった。

まず、中日の一回の攻撃だ。1点を先制してなお一死一、二塁で、5番の井端に初球から送りバントを命じた。巨人先発のゴンザレスは球が走らず、直球は135キロ前後。まだ4

人としか対戦していないのに、甘い直球を3安打されていた。

中日が無死一塁から荒木にあっさり送らせた時点で、判で押したような作戦だとは感じたが、1点を奪った一死からのバントは、理解に苦しむ。打ちごろの直球が真ん中に集まるのだから、まるで同点の九回のような策をとって、アウトをむざむざ献上することはない。エンドランなどの強攻に出て、大量点を狙うべきではないか。右打ち、バント、エンドランなど何でもできる井端である。

野球には先攻と後攻があり、後攻のホームチームにサヨナラ勝ちの特権が、先攻のビジターには先制攻撃の特権が与えられている。中日は前日に先勝し、ゲーム差を4・5に縮めた。押せ押せムードで「勝負」に出られる場面だった。

あるいは、自軍先発がエースの吉見だから、あくまで手堅く、と言うかもしれない。それならばなぜ、エースを六回91球で降板させたのか。六回に1失点したとはいえ、七回は下位打線。球数からしても、あと1回は引っ張るべきである。

しかも2番手のソーサは、最近はクローザーも務めるとはいえ、私が見る限り、勝負どころでのリリーフ投手の絶対条件となる、打者が嫌がるような決め球がない。エースという「勝負カード」を引っ込めて、1点差で逃げ切りを図るのならば、七回からでも150キロの速球で押せる山井、セには少ない大きなカーブを操る田島らを惜しみなく投入して「勝負の継投」に徹するべきだ。中途半端なのだ。

そのソーサを二死一、三塁と攻めた巨人にも、「勝負のサイン」がなかった。勝ち越しの走者となる一走は足のスペシャリスト、松本哲。ソーサはクイックモーションも牽制も不得手で、松本哲なら二盗は容易なはずだが、動く気配がないまま、寺内はカウント1－1から中飛に終わった。私ならまず松本に走らせる。二、三塁で一打逆転という状況を作れば、より相手バッテリーを追い詰めることができるからだ。

団体競技とは、指揮官のビジョンの下に選手が結束し、共通の目標に突き進むべきものである。それを選手任せにしてしまえば、個人競技と化してしまう。

たとえばサッカー女子日本代表の「なでしこジャパン」。海外勢には体格で劣るため、パスを細かくつなぎ、ゴールに迫るという意識で結束し、その「勝負手」に徹したからこそ、世界と互角に戦えているのだと思う。前日7月31日のロンドン五輪・南アフリカ戦で引き分けを指示した佐々木則夫監督は、決勝トーナメントでの対戦相手と、移動の厳しさを熟慮した上で、採るべき戦略を決断したに違いない。目標があくまで金メダルであるがゆえの、これも「勝負手」なのである。

プロ野球でも、最高峰の勝負手のぶつかり合いを見たい。監督の作戦に選手が応え、ハラハラドキドキするプレーで、ドラマを作ってほしい。長時間のドローゲームで、そう願わずにいられなかった。

本塁打は防げるもの

8月21日　神宮

巨　人	000	141	000	……	6
ヤクルト	001	122	000	……	6

夏の夜空に乱れ飛んだ6本のアーチ。お客さんは、派手な試合と喜んだかもしれない。しかし私の目には、防ぐ努力をしないで打たれたものが多い、としか映らない。

この試合の特異性は、両軍とも「正捕手不在」だったことである。ヤクルトは相川が出場選手登録を抹消されており、巨人の阿部も両足首を痛めて一塁手として先発していた。そのためヤクルトは中村、巨人は實松と控え捕手がマスクをかぶったが、両者に「配球のイロハ」がなかった。

6本塁打のうち、ミレッジ、坂本、阿部、武内の4本は二死から。またミレッジはカウント1－1、畠山は0－1、實松は0－1、坂本は2－1、阿部は3－1、武内は2－0から。2ストライクと追い込んでから打たれた「これは打者が一枚上だったな」という本塁打が1本もない。

二死でバッテリーが考えるべきセオリーは「長打警戒」である。しかし澤村も石川も、安易にストライクゾーンへ投じ、一発を浴びた。ボール先行だとしても、一か八かの配球としか思えない。

捕手出身の私には「本塁打は防げるものだ」という信念がある。しかし投手は「本塁打は防げない。なぜなら100％狙ったコースに投げられることなどないからだ」といって口論になった。

絶妙なコントロールがなくても、ワンバウンドするくらいの低めの変化球や、打者をのけぞらせるほどの内角高めの直球やシュートを投げられさえすれば、私には本塁打を避ける配球をする自信があった。だから低めへの変化球、内角高めへの直球を「ボールゾーン」に投げる努力をしてくれればいいと考えていた。

二死であれば、満塁でもないかぎり、次打者と合わせてアウト1つを取りにいく慎重さがあってしかるべきだ。ボールゾーンで誘いに誘って、四球で歩かせてもいい。捕手は徹底したリードをし、投手は捕手を信じて辛抱強く投げなくてはならないのである。

南海にシンキングベースボールを植え付けたドン・ブレイザーに「日米の野球の大きな違いは何か」と聞いたことがある。「日本人投手はコース、コースを狙うが、メジャーの投手は高め、低めを狙う」という答えが返ってきた。

実は打者の選球眼は、内外角より、高低の方が見極めが難しい。私の経験則でもある。際どいコースで内外角を狙うより、真ん中付近であっても勇気を持って高めで誘う、低めに落とす、といった投球をした方が打ち取る確率が高かった。

一方、阿部の本塁打は、カウント3－1からのシュートだった。これは石川―中村のヤクルトバッテリーの、スライダーの多用に問題がある。

本塁打を打たれる直前までの全11球中6球がスライダー。1打席目の左前打も、2打席目の三邪飛もスライダーだった。一方で、外角低めスライダーと対になる内角高め直球（またはシュート）はなく、1打席目の3球目シュートもベルト付近のストライクで、阿部をのけぞらせるボールゾーンの球ではなかった。

かつて王貞治に「なぜ左腕を苦にしないのか」と尋ねたことがある。

「常にスライダーに合わせて待つんですよ。真っすぐが来たら、そのままコンパクトに打ち返すんです」。左打者が左腕のスライダーを意識すると、外角球に我慢する分だけ右側の壁ができて体が早く開かなくなる。阿部の本塁打も壁が崩れていなかった。言い換えれば石川は、阿部が壁を意識できるスライダーを多投し、壁を崩す内角高めボールゾーンへの直球、シュートを使えていなかった。

本塁打を防ぐための努力が足りない――。これがこの夜の「ホームラン・バブル」の正体ではなかったか。泡が弾けたら、中身は空っぽ。そうならないように、特に捕手の中村と實松が6本塁打を検証するべきである。

里崎を休ませてよかったのか

8月22日　Kスタ宮城				
ロッテ	000	012	000	……3
楽　天	040	100	02X	……7
勝 美馬	敗 阿部			

楽天が連敗を4で止めることができたのは、相手に助けられたところが大きい。悪いムードを一気に吹き飛ばした二回の4点は、ロッテの控え捕手・田中の「直球を続ける恐怖心」によって、もたらされたものだった。

ロッテの先発はプロ未勝利の阿部。私なら、正捕手・里崎と組ませる。里崎を休養させながら使うのはわかるが、休養させるのなら、主戦投手やベテラン投手のときではないのか。経験不足同士のバッテリーはその不安通り、一回から粘りのない配球で、楽天打線にリズムを与えた。

先頭の松井に直球、直球（二ゴロ）。2番・銀次にはスライダー、スライダー、直球、チェンジアップ、直球（左飛）。結果は打ち取ってこそいるが、実は二回終了まで、直球が3球続いたことは1度もなかった。次打者にわたって続いたこともない。

つまり、直球は多くて2球連続まで。打者サイドから見れば、ほぼ直球と変化球が交互にくるとわかるし、直球が2球続けば、3球目は100％変化球と読めることになる。

二回のタイムリー3本は、島内がスライダー後の直球を打ち、松井がスライダー、銀次もスライダー。直球にも変化球にも余裕を持って対応していたからに他ならない。

なにもストライクゾーンに直球を3球続けて投げろ、と言っているわけではない。ボール球をはさめばよい話だ。そして、続けることは決して「淡泊」ではなく、逆に打者を縛りつける「粘着剤」になるのである。

私は捕手を育てるとき、「右目で球を見て、左目で打者を見ろ」と教えてきた。打者がどの球種にタイミングを合わせているのか、1球ごとに察知するためだ。タイミングが合っていなければ、直球でも3球、4球と続ける。たとえ3球でも、「きょうは直球が多いな」と思わせるに十分な効果がある。その上で、打者が直球に合わせてきたとき、変化球に切り替える。いろいろな球種をこねくり回さずとも、打ち取れるわけだ。

しかし、若い捕手にはまだ左目で打者を見る能力は身についていない。だから、根拠のないサインを出しつづけたりする。そして直球を続けることを怖がる。自分が打席に立ったとき、変化球よりも直球の方が狙いやすく、打ちやすいため、恐怖心がわくのである。打者に応じたリードはできないのだから、自分本位のリードに走るのも無理はない。

開幕から首位を走りながら、今や上位3チームに2ゲーム差と離されたロッテ。重い敗戦を繰り返さないためにも、やはり正捕手の休ませどきは熟考すべきである。「捕手は守りにおける監督の分身である」。捕手の重要性を、上位を狙うすべての監督に強く認識してもらいたい。

釜田には原点能力を磨いてほしい

8月23日　Kスタ宮城

ロッテ	000	000	012	……3
楽　天	010	110	10X	……4

勝 釜田　S 青山　敗 小野

高卒ルーキーで6勝目を挙げた楽天・釜田は、間違いなく楽しみな投手だ。フォームのトップの形は、まるで弓を引くように胸が張れている。そこから140キロ台中盤の直球を、自信満々に投げてくる。カーブ、スライダー、フォーク、チェンジアップと、ひと通りの変化球も持つ。育てがいのある投手である。

だからこそ、言う。

「行き先は球に聞いてくれ」では、いけない。「原点能力」を磨かねばならない。多くを求めるのは酷であると承知の上で、結果オーライを戒めておきたい。初球、もしくはボール先行後、そしてピンチで、直球が甘いコースに行くケースが、あまりにも多かった。

一回は一死からストレートの四球を与え、3番・角中への初球（見逃し）。二死後にも四球を出し、5番・井口への初球（見逃し）。いずれも真ん中の直球だった。

二回にも6番・サブローに対し、スライダーが外れたあとの2球目に、三回は一死二塁から角中への初球に、真ん中の直球（いずれも見逃し）。四回には井口に対し、初球スライダーがボールのあと、外角寄り高めの直球（三ゴロ）。六回には角中に初球チェンジアップが外れたあと、真ん中高めの直球（左飛）。

すべて相手が見逃し、打ち損じてくれて助かった……だけの話だ。

四球後の初球の直球と、変化球がボールになったあとの直球は、最も危険である。投手は「しまった」と思うため、ストライクを取りにいき、打者はそれを待っている。しかも中軸打者に真ん中の直球など、許されない球である。ここで投手に求められるのは、困ったときの外角低め直球。長打にならない「原点投球」なのである。

実は私は、6月17日の巨人戦で釜田がプロ初完投をマークしたとき、ボール先行後の「原点能力」が高い投手だと評論した。ただし、真の評価は今後の投球を待つ、とも付け加えた。あのときの原点能力はどこへ行ったのか。根本的には、「行き先は球に――」という意識で投げていると、思わざるをえない。

楽天の高卒ルーキーといえば、田中将大を思い出す。マー君は、プロの世界でも一級品であるスライダーを持っていた。釜田は、タイプが違う。打者がマークしないといけない球は、ない。まとまりが身上であり、武器である。

あるいはロッテ打線も、このまとまりゆえに、「いつでも打てる」と思い、安易に甘い直球を見逃し、漠然と打ちにいったのかもしれない。過去2度の対戦で計8得点を奪っていることが、その油断を後押ししたとも考えられる。

しかしプロは、研究を重ね、常に相手の上をいこうとする世界である。だからこそ、まとまりで勝負する釜田は、今から1球の重みと怖さを、肝に銘じておかねばならない。結果ではなくプロセスで喜ぶ。そういう姿が見られたとき、大成への階段を一つ昇ると、私は期待している。

期待できる若手バッテリーへの苦言

8月24日　横浜

巨　人	300	000	000	……3
DeNA	000	000	010	……1

勝 内海　S 西村　敗 国吉

プレーボールから、わずか2球で決まった――。大げさではなく、DeNAの敗因は、国吉―高城《たかじょう》のバッテリーが投じた、一回先頭・長野への2球目にあったといえる。

初球、真ん中147キロ直球で空振り。2球目は外角低めのフォークが外れてボール。その瞬間、「これはイカン!」と口をついて出た。

二十歳の国吉と、十九歳のルーキー高城（D2位、九州国際大付高）。育てがいのあるバッテリーだと思うからこそ、あえて指摘したい。

長野が初球の速球にタイミングが合わず、空振りしたのに、なぜ速球で押さず、2球目に決め球のフォークを要求したのか。一回の立ち上がりは、どんな投手も不安なものだ。国吉も内海も変わらない。捕手の高城が考えるべきことは、投手をリズムに乗せること。足の上げ方、腕の振り方、リリースポイント……と、フォームを安定させることだ。

長野こそ3球目スライダーで遊ゴロに打ちとったが、案の定、松本哲には高めに外れる直球ばかりで四球。フォームが安定せず、直球の軌道が定まらなかった。次の坂本は「直球はないな」と見透かして初球スライダーを中前に運んだ。阿部は三振に仕留めたが、高橋由の右越え先制適時打もフォーク。まるで「フォーク、です、よ」と教えているような腕の振りの鈍さで、タイミングを合わせられて打たれた。

国吉は長野への初球直球で「行けるかも」と手応えをつかんだはずだ。ならば直球を続けさせ、リズムとフォームを、完全に染みこませるべきだった。練習でも最初にフォームと軌道を定めるために直球を投げさせるのと同じだ。

だがいきなり直球と変化球を組み合わせる「九回のような配球」では、若い投手はリズムに乗れない。私が「原点投球」の重要性を説くのは、原点投球でフォームを安定させ、外角―内角、低め―高め、緩―急、ストライク―ボールと、組み立てを広げていくためだ。

若い捕手は直球を続けることを怖がる――。22日の楽天―ロッテの評論でもこの点を指摘した。なぜか。自分が打席に立つと直球の方が打ちやすい。だから捕手として、直球を続ければ打たれそうな気がして怖い。しかし大半の直球の球速が130キロ台だった内海でさえ、まず内角を直球で突き、他のコースや球種で打ち取っていく。まず直球を安定させることで、組み立ても広がる。本格派、技巧派の区別はない。

そして、若いバッテリーへの苦言はそのまま、長い低迷を続けるDeNAへの提言でもある。野球で最も重要なのはまず投手であり、それに付随して捕手である。投手は計算できる。私はヤクルトでも楽天でも、投手を最優先に獲得してほしいと球団に要望してきた。

DeNAの低迷は、先発ローテーションを確立できない上に、谷繁、相川と正捕手が他球団へ流出したことにある。目の前の勝利にこだわらず、素質にあふれた投手と捕手を探し、獲得し、教育することだ。

国吉には、鍛えても身につかない、先天的な能力がある。速い球を投げられることと、反射神経だ。二回の松本哲の痛烈なライナーをキャッチしたあたりに、運動神経とセンスがあふれていた。

高城も、打席では六回に内海の直球と変化球のコンビネーションに食らいついて四球をもぎ取る、新人らしからぬしぶとさがあった。大学や社会人を経由しておらず、捕手として色がついていないのは利点である。

この鍛えがいのある、2つのダイヤの原石を磨くべきだ。同時に継続して好素材の投手、捕手を獲得するように球団挙げて取り組む。どれだけ良質の若い投手を並べられるか。彼らが低迷脱出の道しるべになると、断言してもよい。そして彼らには、本格派も技巧派もピッチングの基本はストレートであることを理解してほしい。

戦力の厚みは野球頭脳に比例する

8月28日　QVCマリン

楽天	000	100	000	1
ロッテ	030	100	05X	9

勝 グライシンガー　敗 永井

野球頭脳、とよくいう。私は「状況に応じてとっさのプレーを選択して決断する能力」だと考えている。そして混戦のパ・リーグを制するカギも、野球頭脳だとみる。

西武、日本ハム、ソフトバンクの3強で決まるのか。クライマックスシリーズ（CS）進出圏の一角を、ロッテと楽天が崩すのか。この日は興味深くQVCマリンでの4位争いを見ていた。ロッテが完勝したが、野球頭脳という視点では、物足りなかった場面がある。

ロッテの四回の攻撃。直前に楽天に1点を返されて2点リードに変わり、今江の右犠飛で4－1とした。なお二死満塁、根元が打てば、試合の大勢が決してしまいそうな場面だった。

根元は初球スライダーがボールとなった2球目、真ん中外寄りの直球を見逃した。苦し紛れの直球だった。この日の永井は「困ったらカーブ」という投球で、二回の里崎の本塁打、この回の今江の右犠飛もカーブ。根元もカーブに意識を置いていたのだろう。

だから甘い直球を見逃した。「しまった」と動揺したかのように、その後は3球フォークが続いて空振り三振。打撃に必要なのは積極性と集中力だが、2球目の直球見逃しで動揺し根元はチャンスでの積極性と集中力を失ってしまった。

根元はおそらく「100％変化球」と決めていた。もし「2割は直球もあるぞ」という意識であれば、失投を見逃すことはなかった。1点を争う終盤なら、確率の高い球種に絞って勝負に出ていい。3点リードという状況判断ができれば、「変化球3対直球7」で待ってもいいのだ。3割の余裕があれば、意表を突かれて見逃すこともなかったし、変化球が来てもムチャ振りして打ち損じる恐れも少なくなる。

この状況判断こそ、野球頭脳である。戦力の厚みは、野球頭脳に比例する。監督が教育することで補うこともできる。「積極的に打て」というのはたやすい。相手投手、アウトカウント、得点差……などを考えて、打席で備える。これを教育してやればいい。

古くから野球のシーズンでは「どのチームも3分の1は勝ち、3分の1は負ける。残る3

分の1をどれだけ勝てるかだ」という。144試合のプロ野球ならどのチームも48勝48敗はする。残り48試合の勝率が順位を決する。各球団とも残り30試合強となり、残りは3分の1を切っている。

ここからは結果重視である。しかし、結果主義は精神主義に陥りやすい。結果には必ず過程がある。過程を重視するためには「野球頭脳」が必要となり、精神主義、根性野球を回避できる。

私は開幕前、西武優勝を予想した。西武は現在首位に立った。その要因は、開幕前に想像もつかなかった、エース涌井の抑えへの配転による。

現代野球では、点を取る能力以上に、逃げる能力が重視される。統一球の影響を受けた今季はなおさらだ。西武は七回以降を計算できるようになった。先発は「とりあえず七回、最低六回まで」と余裕を持てるようになり、打線も何点取ればではなく「リードさえすれば」と考えられるようになった。

2位予想だったソフトバンクは杉内、和田、ホールトンが抜けながらも攝津《せっつ》、大隣らが踏ん張った。日本ハムは投手陣の頭数が心配だが、選手は経験豊富。ロッテも根元、岡田の1、2番が出塁率を高められれば、サブロー、今江、里崎と経験豊富な打者が下位に座る打線の重厚感が活きる。

横一線であればこそ、監督の経験と思想が重要になる。私は「確率のスポーツ」「失敗のスポーツ」という思想を重視して終盤戦を戦った。その原則が「8対2の備え」といった方法論となり、それによって選手を教育した。必要なのは、結果を求めるあまり精神主義に陥らないこと。野球頭脳を鍛え上げ、プロセス優先で戦い抜いたチームに、勝利の女神はほほ笑むはずである。

阪神をいかに改革すべきか

9月14日　東京ドーム

阪神	200	000	000	……2
巨人	000	000	30X	……3

勝 杉内　S 西村　敗 岩田

巨人に対して4勝14敗4分けの借金10。東京ドームで今季未勝利。クライマックスシリーズ出場は、言うまでもなく絶望的だ。ここまで低迷する阪神を見せられては、元監督の立場として、再建策を提言したくなる。それは球団、選手、首脳陣、三位一体の意識改革である。

阪神には「エース」も「4番」もいない。ここから出発しなければ、チームの再生はない。

今季勝ち頭の岩田は、この日の敗戦で8勝12敗。きょう15日に先発する能見も8勝9敗。「エース」と呼べる存在は、思えば井川（2002年から5年連続2けた勝利、リーグ優勝した03年に20勝し沢村賞獲得）以来、出ていない。

また現在「4番」に抜擢《ばってき》されている新井良は、わずか11本塁打。新井貴もいまや信頼を失い、今季限りで引退する金本と比較することさえできない。

しかし残念なことに、「エース」と「4番」は育てられない。速い球を投げる。打球を遠くに飛ばす。これは天性であって「出会う」しかない。その「出会い」は、新たに中村勝広GMを迎えた球団編成部門の眼力と努力にかかっている。

阪神はここ数年、ドラフト戦略で安全策にばかり走っていた。即戦力で期待通りに活躍したのは昨年入団した榎田くらいである。鳥谷、能見、岩田らが相次いで入団した03—05年当時の編成能力を失い、それ以前、私が監督した当時に戻ってしまった感がある。

それは大物選手は避け、競合しない2番手、3番手の手頃な選手を集めるという発想だ。エースも4番もいない、阪神の空洞化を招いたのだ。

今オフすぐにエースと4番と出会えなければ、当面は次善の策で乗り切ることだ。球が速い、打球を飛ばす、に匹敵する天性である「足が速い」選手を集めるのである。

巨人に目を転じて、私が選んだこの日のヒーローは藤村である。七回一死一、二塁で二塁正面にゴロを打たされながら、俊足で併殺を防ぎ、坂本の逆転3ランを呼び込んだ。併殺でチェンジ、と思ったのに、走者2人を残して坂本と対戦しなければならない。阪神バッテリーの重圧は計り知れないものになり、結局、天国から地獄……という結末を招いた。

阪神も現在、俊足の上本、大和を1、2番で使い続けている。足にはスランプがなく、シーズン通じて計算できるだけに、中途半端な長距離打者より貢献度は高い。本塁打や打点を傑出して期待できる4番がいないのであれば、足の速い選手をそろえるべきだ。

その根底には、和田監督が就任当初から掲げていた「考える野球」を据えるべきだ。野球は確率のスポーツである。この日の杉内は全97球のうち、およそ半分がスライダーだった。「困ったらスライダー」という顕著な傾向がありながら、阪神の右打者は強引に引っ張ろうとしていた。

スライダーの軌道にバットを合わせ、センターから逆方向へ打つ工夫があれば、杉内攻略の確率は高まっていただろう。漠然と打席に入るのではなく、チーム全体で、センターから逆方向への打撃を徹底すべきだ。

和田監督は春季キャンプで会ったとき、「野村さんの考える野球を継承したい」と語ってくれた。和田監督に目指す野球があり、それでも選手が動いてくれないのなら「鉄拳辞さず」の強い姿勢で指導してもいい。文字通りの鉄拳でなくても、自分の野球を理解しない選手は使わない――。それほどの姿勢を貫くことだ。

阪神は関西の人気球団だから、メディアも含めて選手の肩を持ちすぎるようになる。負けたときに「悪いのは球団、監督で、選手は頑張っている」という風潮を断ち切らなければならない。編成は天性を重視して選手を集める。監督は自らの野球を明確に伝え、熱血漢のコーチがそれを徹底する。そうすることで、選手の意識も変わる。

これが私が訴えたい、三位一体の改革である。現状のままでは来季以降も同じ結果になる。そう肝に銘じて、思い切った改革を推し進めてもらいたい。

優勝目前の巨人に見られた「緩み」

9月15日　東京ドーム

阪神	000	100	001	……2
巨人	000	000	000	……0

勝 能見　S 藤川　敗 ホールトン

大差でのリーグ優勝は目前だ。しかし先にはクライマックスシリーズ（CS）、日本シリーズがある。巨人はそれを忘れていないか？　そう思われても仕方ない「緩み」や「妥協」が、「打」「走」「投」の全てに見受けられた。

最も気になったのは四回先頭、藤村の「打」である。能見の初球、スライダーを遊撃へ打ち上げた。14日の試合では坂本の逆転3ランを呼ぶ全力疾走をほめた。しかしこの日の打撃は論外である。自分の役割と状況を理解していない。「自分は脇役なんだ」と強い意識をもって取り組むべきである。

直前に先制された直後の打席だった。阪神バッテリーは「藤村を出すとクリーンアップにつながる。しかも足が速い。ゴロでも安打にされる。出塁されれば、長打でなくても同点にされる」と神経を使っている。ならば最低でも1ストライクは犠牲にすべきだ。セーフティーバントの構えで能見を揺さぶって投球リズムとフォームのバランスを崩すなど、出塁の方策を尽くすべきだ。それが脇役である2番打者の藤村が、先頭打者としてなすべき仕事である。

だが初球をゴロでもなく、飛球で凡退。おかげで次打者の3番・坂本が気を使って1、2球目の直球を打つ気なく見送り、四球を選んだ。これでは主役と脇役が、逆ではないか。「走」は0－0の二回。二死から6番・谷が中前打。続く小笠原への5球目に合わせて谷がスタート。だが同時に能見が一塁へ牽制球を投げ、谷は誘い出された形で二塁でアウトになった。

打順が下位に回り、巨人ベンチが先取点を狙い足を絡めた策をとるのは当然だ。谷も躊《ちゅう》躇《ちょ》なくスタートを切った。だが問題は、塁上での姿勢である。

直前までの4球ではリードが小さく、まるで一塁手と「お手々つないで」という体勢。それが5球目を前に、急に右足をアンツーカーの外に出すほどのリードを取った。これでは相手に「サインが出ました。走りますよ」と教えているようなものである。

走塁は最も「フォア・ザ・チーム」の精神を問われる。「走れ」のサインが出ていなくても、バッテリーに神経を使わせて打者が有利になるよう、走る気配を見せなければならない。たとえ足が速くない谷でも、帰塁だけを考えていれば、大きなリードが取れる。

そして「投」。0－1のまま進んだ九回には、田原―阿部のバッテリーが、新井貴に防げる本塁打を許した。一死無走者。一発を許して2点差にされれば致命傷である。それなのに、カウント2－1から外角高め真ん中寄りの直球を、左中間席に運ばれた。

問題はそこまでの3球である。1、2球目のスライダーは外角へ明らかなボール。しかも高めに抜けた。この時点で「スライダーではストライクが取れません。仕方がないから、直球を投げますよ」という雰囲気を作っている。その通りに2球続けて直球を投げて打たれてしまった。

捕手とは、妥協を許されないポジションである。1点勝負の終盤。丹念に低め、ボール球で誘い、四球で歩かせてでも一発は避けるべきだ。満塁にされても無失点で切り抜けるほどの慎重さが必要だった。直球を投げさせるなら、投手に「まともにくるなよ」と声をかけ、打者に「直球はないのか」と迷わせるような気配りが必要である。常に正しい努力が求められるのだ。

これらのほころびは、見過ごせない。一度ゆるんだタガはなかなか元に戻らないのである。CS、日本シリーズでは接戦、1点勝負を覚悟しなくてはならない。1つのプレー、1球が勝敗を分ける。リーグ優勝目前の巨人だからこそ、「小事が大事を生む」と肝に銘じて戦うべきだ。

セ・リーグの行く末に不安を覚える

9月21日　東京ドーム
ヤクルト　000　130　000……4
巨　　人　012　102　00X……6
勝 内海　S 西村　敗 増渕

まれにみる独走、一人旅のゴール。今季の巨人の優勝で、私には、ぬぐいがたい危機感がある。セ・リーグの行く末と、巨人の結末である。

「セは空洞化と時代逆行を招かないか」

今回の優勝は言うまでもなく、ＦＡをはじめとする移籍補強と、ドラフト戦略に負うところが大きい。杉内、ホールトン、村田が加入した上、ドラフト1位組も内海、澤村、阿部、長野、坂本、高橋由……とチームの根幹をなしている。

そもそもドラフト制度は、自由競争の時代に巨人にばかりいい選手が集まったため、戦力均衡を目的として導入されたものである。

その均衡化が進み、巨人が常勝ではなくなると、今度はドラフト逆指名制度、ＦＡ制度を導入し、また巨人にいい選手が集まるようになった。

今回の優勝は、まさにその象徴であろう。いい選手には潤沢に資金を使う――。企業努力といえばそれまでだが、どうやっても巨人が得をする、という構造になっていると思えてならない。

他球団も、中日が巨人と互角に戦った以外、〝戦力が違いすぎる〟と、あきらめが先に立っていたように見える。エースを徹底的に巨人戦にぶつけるとか、奇策、奇襲の弱者の戦法でぶつかるなど、打倒・巨人への創意工夫が、私には感じられなかった。

これでは「リーグ」とは名ばかりで、空洞化は避けられまい。巨人が強ければお客さんを呼べる、テレビ中継もつく……といった〝おんぶにだっこ〟の商法に、逆戻りをしないか、不安でならない。

そのテレビにしても、プロ野球の放送時間は減る一方だ。スポーツでゴールデンタイムでの地上波中継といえば、いまやサッカーの日本代表戦のことではないか。

日本サッカー協会の川淵三郎氏と対談したとき「国内の試合は、まだまだなんです。プロ野球とは歴史が違います。とてもかないません」と、謙遜されてはいた。

しかし、衛星放送などでは、欧州のサッカーの試合まで、毎日のように放映される時代になってきたではないか。時代を逆行させても、もはやプロ野球の地位は安泰ではないのだ。

さて、今季の巨人に話を戻そう。いくら独走優勝しても、クライマックスシリーズ（CS）と日本シリーズを勝ち抜いて初めて、王者と呼ばれる。その意味で最も気にかかるのが、これである。

「巨人はCSと日本シリーズで阿部をどう起用するのか」

夏場以降、捕手と一塁での併用が続く。痛めている両足首の負担軽減と、打力を生かすための措置も、大独走で余裕があったレギュラーシーズンでは、いいだろう。

短期決戦では、そうはいかない。捕手は、1試合、1打席ごとに変わる局面への対応が求められる。打者中心、投手中心、状況中心のリードも、使い分けねばならない。「経験」と「観察眼」がモノを言うポジションなのである。

そして今の巨人に、阿部に勝る経験を持つ捕手は、いない。

私も現役時代、1試合でも休むと、マスクをかぶったとき、自分のペースを取り戻すのに三回くらいまでかかった。カン、ひらめきが鈍るためだ。4つ負けたら終わりの短期決戦では、その〝三回まで〟が命取りになりかねない。

阿部はホールトン、ゴンザレスと呼吸が合わない、とも聞く。しかし捕手は「守備における監督」でもある。原監督はそこを、どう考えているのだろう。

中長期的にはセ・リーグの行く末、短期的には巨人の結末。ともに注視していきたい。

第二章

2012年　クライマックスシリーズ

10月13日　西武・カーターを遊ゴロに打ち取ったソフトバンク・森福

「森福の9球」を許した西武の拙攻

10月13日　西武ドーム　パ・ファーストステージ第1戦

ソフトバンク	011	000	000	……2
西　武	000	000	001	……1

勝 攝津　S 森福　敗 牧田

森福の9球——。2－0の九回裏、無死満塁で登板したソフトバンクの森福が、1点に抑えて逃げ切った。同じ左腕で、状況も似ているため、あの「江夏の21球」とダブらせるオールドファンも、いるかもしれない。

確かに超短期決戦の初戦という重要な試合で、最終回のシビれる場面。修羅場をくぐってきただけの結果は見せたと、評価はしたい。しかし、この逃げ切り劇を許した西武側に、私は不満を抱く。「備え」ができていないと、言わざるをえないのである。

森福の特徴は、スライダーとシュートの出し入れにある。レギュラーシーズンでも対戦し、CS前にミーティングの時間もたっぷりあった。それは重々承知のはずだ。

ところが、まず左の代打・カーターが、初球からその外角スライダーを引っ掛けて、遊ゴロ（この間に1点）。バットが届く球なら何でも打とうというスイングにしか見えず、積極性のはき違えで、相手を助けた。

長打で同点または逆転サヨナラの局面である。しかも外国人選手に、まず直球は来ない。内角への制球ミスから長打にされるのが怖く、死球になれば押し出しでなお満塁が続くシュートも、まず来ない。ならば、外角スライダー。8対2の割合で狙い、踏み込んで、コンパクトに叩く――。そういった一連の「備え」が、見えてこなかった。

続く左の上本も、備えが足りない。初球スライダーがボール。2球目もやはりスライダーで、これを強振。右翼線へのファウルとなった。打球の強さと方向から、スライダーを狙っていたのは明らかで、そこまではよかったが、喜ぶのがコンマ何秒、早い。さらに力んでいる。ここでも、狙い球をコンパクトに合わせるとか、中堅から逆方向へ返すといった「二段構え」が必要なのである。

上本は続く3球目の直球に振り遅れて追い込まれ、迷いが生じた。最後は、直球待ちで変化球にもついていこうという無難な考えが、思い切りを捨て去る形になり、スライダーに力のない遊飛。1球の打ち損じが、悔やみきれない形となったといえるだろう。この状況で大事なことは「ストライクは3つあると考えてはいけない」ことだ。1球で仕留めるという考えでのぞむべきだ。

西武ベンチの動きにも、疑問が残る。

九回の頭から登板したファルケンボーグが満塁のピンチを招いた直後、カーターはもう、ネクストバッターズサークルで準備していた。リリーフ森福がコールされる前に、相手に手の内を明かすことはない。右打者を準備させるポーズをするなり、浮足立った相手を揺さぶり、じらすような芸当が、なぜできないのか。

そうすれば、首脳陣がカーターと、森福攻略法の確認と指示をする時間も、とれたはずだ。代打の切り札だから、相手に関係なく、出す。投手起用でもそうだが、近年いわれる「勝利の方程式」という言葉は、私には理解できない。勝負事である以上、状況や相手によって、臨機応変に備え、構える。型にはまった用兵や、来た球を打つだけの味気ない野球を、今季の最後を飾るビッグゲームでは、見たくない。

武田と今宮の若さが出た

10月14日　西武ドーム　パ・ファーストステージ第2戦
ソフトバンク　000　000　000……0
西　　武　007　100　00X……8
勝 岸　敗 武田

1点を惜しんで一挙7点を失った。若さに期待して経験を置き去りにした。ソフトバンクの大敗は、この2点に集約されていたとみる。

その〝主役〟となったのは、二十一歳の遊撃手・今宮と、十九歳の先発投手・武田。若さゆえ、といえばそれまでだ。それでもCSで先発出場の大役を任された以上、言い訳はできない。また、ナインやベンチの配慮、指示も足りなかったと、指摘せざるをえない。

「1点を惜しむ」決定的な判断ミスを犯したのは、0－0で迎えた三回裏一死一、三塁での、今宮のプレーだった。

打席には2番・秋山。まだ序盤で、最も怖いのは、走者をためてクリーンアップに回してしまい、大量点で試合を決められること。この場面では、1点は覚悟してでも、まずアウトを増やすべきだった。

だが今宮は、大きくバウンドして跳ね上がったゴロを捕球した後で、本塁へ送球した。記録は内野安打だったが、どう見ても間に合わないタイミングで、実質的には野選といえる、明らかな今宮のミスだった。

今宮の頭には、三走の炭谷が捕手で足が遅い、というイメージがあったのかもしれない。しかしこの場面はフォースプレーではなく、タッチプレー。また、三走は「ゴロならGO」で躊躇なく突入する構えだったはずだ。

守備陣形も影響したようであった。本塁と併殺、どちらも狙える形だったが、秋山は左打者で、実際には正面に強いゴロでも飛んでこないかぎり、併殺を取ることは難しい。だから若い今宮は「1点もやれない」という意識が強くなってしまい、本塁に投げなくてはと凝り固まっていたとしても不思議はない。

状況や打球からすれば、一塁でアウトを取るしかない場面だった。ならばベンチが今宮にしっかり指示するべきだったと、大いに悔やまれる。

先制されてなお一、二塁に走者を残し、今度は投手の武田が明らかに気落ちし、集中力を欠いてしまった。3番・中島にカウント0－1から、外角低めを狙った直球が真ん中に入り、右越え二塁打された。ピンチでのカウント0－1は、0－2と同じである。追い込んだつもりで、幅広く、根気よく投げねばならない場面で、この不用意さはいただけない。

捕手・細川の配慮も足りなかった。外角に構えるだけだから、甘く入ってしまうのだ。「ボールでもいいから」とミットを大きく外して構えるとか、ひと声かけるとか、ベテランらしく細心の注意を払わせるべきだ。

もともと、この失点の発端は、先頭打者への四球だった。以前、大リーグのデータでは、先頭打者に四死球を出すと8割の確率で点が入る、と述べた。武田はその前の二回にも先頭打者に四球を出しており、若さが顔を出していた。

若手には将来性はあっても、経験がない。一つのプレー、瞬時の判断が流れを変える短期決戦は、ベテラン中心で臨むのが常套《じょうとう》手段となる。しかも3試合しかない超短期決戦であるCSファーストステージは、7試合で3敗まで計算できる日本シリーズとも違う。負けていい試合などはなく、公式戦のように育成も考える場でもない。考えるべきは、勝利の追求のみではないか。

それでも若手を起用するのならば、武田にはきめ細かいリード、今宮にも守備面での指示の徹底など、チーム全体でケアしてやるべきだった。

四球と事実上の野選という適時打。幸運な形から打線に火がつき、タイに持ち込んだ西武。依然、打線がつながらず、細川のリードにもほころびが出たソフトバンク。西武有利に転じたとみていいだろう。

理解に苦しむ石井の交代

10月15日　西武ドーム　パ・ファーストステージ第3戦

ソフトバンク	000	200	010……	3
西　武	000	100	001……	2

[勝]大隣　[S]岡島　[敗]石井

疑問が残る。いや、理解に苦しむ。西武・渡辺監督の投手リレーである。先発の石井を四回一死一、二塁で交代させ、ルーキーの十亀《とがめ》にスイッチしたことが、すべての始まりだった（結果はペーニャに2点二塁打）。ここからチグハグな継投になり、悔やみきれない結果を招いたと、言わざるをえない。

投手交代における一番の判断基準は「信頼度」である。石井は今季も2けた勝利をマークしている上、大舞台にも動じないタイプで、日本でのポストシーズン通算成績は14試合、4勝3敗、防御率2・20。百戦錬磨という言葉がぴったりくる。

第2戦でも評論した通り、1球が勝敗を左右する短期決戦では、若さより経験がモノを言う。その意味でも、いくら公式戦でリリーフ専門のルーキーとはいえ、信頼度が石井より上であるとは到底、思えない。

判断基準には「不調」「疲労」「相性」もある。しかし、石井は三回まで打者9人を完全に封じており、不調には見えなかった。球数も54で、疲労が出るような数字ではない。相性という点では打順がペーニャ、小久保、多村と右打者3人が続くことは確かだが、今季の対戦成績はペーニャ、小久保と打率・250、多村とは公式戦で対戦なし。それ以前に、石井はワンポイントリリーフではなく、先発。このクラスの投手に、打者の右、左は全く関係ない。

その他の基準としては「アクシデント」。これも、石井が降板後もベンチで戦況を見つめていたため、考えにくい。

そうなると思い当たるのは、これしかない。

1戦必勝の試合で、早め早めの継投をする——。

この考えは間違ってはいない。ただし、やみくもに代えればいいということではない。一種の強迫観念に追われたのか。状況判断と判断基準を飛ばして、決断を急いでしまった感がある。

渡辺監督は五回から、野上を投入した。CSではブルペンに回っているが、公式戦では先発で8勝。その野上が4イニング目の八回に失点した。二死から本多に二塁打、続く内川に左前タイムリー。ここでの続投も、不可解である。

ロングリリーフで3回を抑えてくれれば御の字。八回まで引っ張る必要はなかったし、二塁に走者を出した時点で、もう交代機ではないか。

それほど野上を信頼している、ということであれば、石井を代えるときに出すべき投手は、十亀ではなく、野上ではなかったのか。

さらに、涌井が2点リードされた九回に登板している。もう1点もやれないという状況は、八回も同じである。涌井を投入すべきは九回ではなく、野上が二塁打を打たれた場面だろう。それまで惜しげもなく投手を代えながら、終盤の勝負どころ、踏ん張りどころの継投は、ワンテンポもツーテンポも遅く見えて仕方がなかった。

投手としても監督としても日本一に輝き、やはり百戦錬磨の渡辺監督でさえ、一手誤ると修正がきかなくなるのか。これも短期決戦の怖さ、難しさと言ってよい。

それにしても、ソフトバンクには敬意を表したい。杉内、ホールトン、和田、合計43勝のエース級3人が抜ければ、チームはガタガタになるのが普通である。

「だから、このチームは強いのか」――。私は昨年、そう実感するシーンを目にした。優勝の祝勝会で、孫オーナーが選手と一緒にビールかけをしていたのである。球団のオーナーどころか、世界的な経営者が、若い選手のレベルにまで降りてくる。選手は「この人のためなら」と意気に感じて働くものだ。

組織とは、リーダーの力量以上には伸びない。リーダーの力量が、チームを引き上げる。それを改めて認識させられる光景であった。

主役と脇役が逆ではドラマにならない

10月17日　東京ドーム　セ・ファイナルステージ第1戦
中日　001　001　001……3
巨人　000　100　000……1
勝 大野　S 山井　敗 内海

巨人は何を教育しているのか——。この日ほど、声を大にして言いたくなったことはない。レギュラーシーズン中に何度も評論し、聞けばチーム内でも指摘されていたという攻撃でのミスが、２つも再現された。

１つ目のミスは長野。１点を追う七回一死一塁、初球を打って併殺打に倒れた。一死から代打・松本哲が中前打。足のスペシャリストが出塁した。投手は右の田島に代わっており、走る条件が整った。無死なら犠打、一死ならエンドラン、二死なら盗塁——というセオリーからすれば、ベンチは松本哲にスタートを切らせるタイミングを計っていたはずだ。カウントが整えばエンドラン。変化球を落としてくると察知できるようなら、単独スチールを仕掛けてもよい。

しかし、長野は初球、最も安打にしにくい外角低めへ落ちる球に手を出し、しかも引っ張って遊ゴロ併殺打に倒れた。

ベンチが策を講じてくるのではないか、と考えもしない。つなごう、松本哲に仕事をさせてあげよう、という意思も見えない。そしてもし「自由に打て」の指示が出ていたとしても、長野ほどの打者であれば、自ら考えねばなるまい。

つまり①走るまで待つ②初球を打つなら直球だけを狙い高めに目付けをする③外角球を狙うなら中堅から右へ打ち返し最低でも二塁へ進める——。この打席にふさわしい対応はこの3つであり、長野ならできるはずだ。

2つ目は、藤村のミスだ。八回先頭で、初球を打って左飛に倒れた。

投手は浅尾に代わったばかり。どんな投手も登板直後は手探りで入る。俊足の藤村を、バッテリーは出塁させたくない。出塁を許せばクリーンアップに回る。四球も内野安打も許したくないと、初球は警戒して入る。

ところが藤村は初球の外角高めの速球を、左翼へ打ち上げた。これは論外である。おかげで、続く坂本がカウント3－0から、甘くカウントを稼ぎにきた直球を見送る結果となり、結局は外角直球を打って左飛に倒れた。藤村が自分の役割をわきまえなかったせいで、坂本は自分の役割を果たせなかった。

足に自信がある先頭打者であれば、少なくとも最初の1球もしくはワンストライクは犠牲にし、セーフティーバントの構えを見せて揺さぶるなどすべきである。ベンチが「初球は打つな」と徹底するべきで、指示がないのならば藤村自身が、初球から打っていいかを確認すべきだ。

そして、打っていいといわれても、「打ち上げやすい高めには手を出さず、上からコンパクトにたたく」といった備えをしておけば、やすやすとフライで打ち取られることはない。

長野も藤村も、たった1球を犠牲にして待てない。「待つ」といえば消極策とみられがちだが、実際には1球を捨てることは勇気が必要な「攻撃」で、積極策である。待たれれば、投手は余計なことを考えたりするもので、カウントを悪くすれば腕の振りも鈍る。「思い切っていけ」だけが積極性ではないのである。

長野も主軸の1人とはいえ、1点を追う終盤で走者を置いて打席に入れば、脇役、つなぎ役の仕事をこなさなければならない。主役と脇役をはき違えては、野球という「筋書きのないドラマ」は完成しない。

レギュラーシーズンでも、長野と藤村には同じ指摘をした。それぞれ翌日にチーム内で話題になったと聞く。長野には橋上戦略コーチが「野村さんの言うことも正しいと思うよ」と諭したというし、藤村には阿部がわざわざ私の評論を見せて「オレの言いたいことが書いてある。よく読むように」と伝えてくれたそうだ。

シーズン佳境の短期決戦で、同じ過ちを繰り返す。のど元を過ぎて熱さを忘れるのなら、反省は血にも肉にもなっていない。正直、寂しい思いでいっぱいである。

山井の5球連続ストレートは理解に苦しむ

10月21日　東京ドーム　セ・ファイナルステージ第5戦
中日　000　020　000……2
巨人　020　000　001X……3
勝 マシソン　敗 岩瀬

言いたくないが、言いたくもなる。先制された場面も、サヨナラ負けを喫した場面も、やるべきことを、やっていない。捕手として生きてきた私には、なんとも理解に苦しむ中日・谷繁のリードだった。

この試合の位置づけは説明するまでもない。巨人はもう負けられない。勝てば一転、追う者の強みで、最終戦は俄然《がぜん》、有利になる。本来なら前日、一気に決めておきたかった中日には、ますます負けられない一戦だ。

負けないためには、どうしたらいいのか。古今東西、変わらぬ鉄則がある。0点に抑えれば100%負けないのである。一戦必勝のトーナメントに近づけば近づくほど、この鉄則、野球の原点に回帰する。

しかし谷繁は、いとも簡単に先制点を献上した。二回、先頭の阿部を死球で出したあとだ。まず高橋由に、フルカウントから内角へ曲がるカットボールを一、二塁間に安打された。

ここでバッテリーが狙うべきは、併殺である。内野守備陣からすれば、併殺は二塁ではなく、三塁、遊撃への打球の方がとりやすい。

逆に避けるべきは、四死球や安打はもとより、走者を得点圏に進められること。そのためにも、一、二塁間へ引っ張らせたくはない。

この局面で谷繁は、左打者が普通に打てば右方向に飛ぶ、内角へ曲がるカットボールを要求した。併殺をとる。最低でも二塁でアウトをとる。その努力を怠ったと言わざるをえない。

続く村田には死球で満塁。ボウカー三振で一死を取った後、古城《ふるき》にカウント1－1から、高めに抜けたカットボールを、中前に2点タイムリーされた。このリードも、納得がいかない。

何度も評論してきた通り、ピンチでのカウント1－1は、1－2と同じ。追い込んだときと同様、ストライクゾーンからボールになる球で粘り強く、誘いに誘うか勝負球で勝負するかである。その過程で、打者を観察し、狙い球などを察知する。それくらいの慎重さが必要になる。

谷繁は内角低めに構えていた。高めなどには要求していない、と言うだろう。しかし、山内はこの回、2つも死球を与えている。またぶつければ押し出しになる。内角へのコントロールは、つけにくい条件下にある。

であればこそ、外角低めに根気よく投げさせるなり、一層の配慮が求められたのである。ベテランらしからぬ淡泊さは、九回一死満塁、代打・石井の場面で、その極致を迎えたと言ってもよい。

山井に要求したのは、5球すべてストレート。2球で2ストライクと追い込んでおり、フォーク、スライダー、カーブという持ち球を投げさせるチャンスは、いくらでもあったのに、である。

開き直りというより、これでは神頼みだろう。

人事を尽くして天命を待つ――。セオリーに基づき、やるべきことをやって、その結果、打たれたのなら、万人に納得がいく。谷繁は果たして、人事を尽くしたと言えるだろうか。

オープン戦のような日本シリーズは見たくない

10月22日　東京ドーム　セ・ファイナルステージ第6戦

中日	000	001	001	……2
巨人	030	010	00X	……4

勝 ホールトン　S 西村　敗 伊藤

終わってみれば巨人、だった。ペナントレースを大差で制した実力があり、しかも中日は吉見、中田賢、ソトと、先発投手を欠いた。額面通りなら巨人の楽勝で、実戦感覚の不足からタイに持ち込まれた、ともいえる。

それだけに、開幕3連勝した中日には「大魚を逸した」後悔が募るはずだ。特に勝負心の薄さ、淡泊さが、もどかしくて仕方がなかった。

一回。先頭の大島が四球。すると荒木は初球、送りバントである。

短期決戦だから先制点が重要なのはわかる。しかしホールトンは大島に対し、カウント0

－2と追い込んでから、変化球は高めに抜け、直球は低めに外れ、ストライクを取るのに四苦八苦していた。その投手に、1球で1アウトを与えるのは、助けてやるのと同じではないか。

しかも大島は盗塁王で、荒木に打たせるか、足を絡めるか、相手を不安にさせれば、さらに制球に苦しむようになる。荒木、井端とくせ者が続く打線ならば、いくらでも揺さぶる手はあった。

井端の四球で一死一、二塁となった後も、ベンチはチャンス拡大の芽を潰した。さらにホールトンはモーションも大きく盗塁はたやすい投手である。その上三盗もしやすい投手である。二塁をチラリとも見なかった。坂本、寺内の二遊間コンビもベースから大きく離れ牽制の気配すらない。打者勝負一本やりで、盗塁はフリーパス状態にしか映らなかった。

二、三塁とすれば、バッテリーエラーや外野フライでも点が入る。安打なら2点が望める。しかしベンチは動かず、ブランコ、和田が連続三振。高木監督は現役時代は二塁手で、守備と走塁のエキスパートだった。相手バッテリーに2倍、3倍の重圧をかけられるチャンスに、視点が向かなかったのだろうか。

攻撃だけではない。中日はバッテリーの淡泊さも目についた。前日は二回一死満塁で、古城にカウント1－1から2点タイムリーされた。私は「ピンチでの1－1は1－2と同じ。追い込んだ気持ちで、根気よく勝負すべき」と評論した。

だがこの日も二回、先頭の5番・高橋由から4連続安打を許した。カウントは順に0－2、1－2、0－0、1－2。追い込んだ後か初球で、ストライクゾーンを広く使えるカウントにもかかわらず、ストライクを揃えた。

バッテリーが、4番・阿部にエネルギーを費やしすぎたのではないか。一回の伊藤は、阿部を三振にとってチェンジになるまでに23球を費やした。人間、どこかで一息つきたくなるものだが、「これ以上、球数が増えては……」との思いもあっただろう。

中日バッテリーが、2試合続けて下位打線に先制点を奪われたのは、阿部の存在と無縁ではない。つまりこれが巨人打線の層の厚さであり、ひいては今季の実力差に行き着くわけである。

ただ、巨人にも不満は残る。先発のホールトンを5回、87球で交代させたこと、前日も内海を五回途中で代えたことだ。どちらも中3日登板とはいえ、今いるピッチングスタッフでは最も実績のある2人。しかも内海は生き抜きのエースである。

「まだいけるか？」と聞けば、必ず「いけます」と言うはずで、また、そう言わせなければいけない。中心選手としての責任が増し、それが次の試合につながり、また他の選手にも好影響を及ぼすと私は考える。

短期決戦の大舞台では、エースこそが、主役なのだ。短期決戦ほど、プロ野球選手を大きく成長させる舞台はない。その舞台でこそ、巨人の伝統を受け継ぐ中心選手が育っていくはずである。判で押したように「何回まで」と決めつけて交代させていくばかりでは、中心選手は育たない。

入れ代わり立ち代わり、選手を出しては引っ込める。オープン戦のような日本シリーズだけは、見たくない。

第三章

2012年　日本シリーズ

11月3日の第6戦で、適時打を放った巨人・阿部

巨人が最後に見せた隙

10月27日　東京ドーム　日本シリーズ第1戦

日本ハム	000	000	001	……	1
巨　人	000	420	20X	……	8

勝 内海　敗 吉川

短期決戦を前に、監督がしておくべきことは、まず、以下の5つである。①選手の選抜とコンディションの調整②ローテーションの決定③オーダーの決定④どの試合を重視するか決める⑤マークすべき打者を決める——。

①から⑤の戦略をもとに第1戦に臨む。その上で、勝敗と並んで第1戦で重要なのは「事前に収集した情報の確認」である。その点でセの最多勝投手、内海と、パの最優秀防御率投手、吉川は対照的だった。

【吉川は「勝負」にほど遠かった】

四回、吉川がボウカーに許した3ランはあまりにも不用意だった。四回無死二塁から、阿部に浴びた先制タイムリーは、外角低めへのカーブを上手に打たれたもので、この失点はやむをえない。高橋由、村田を連続三振に仕留めた二死後、矢野に右前打されて、ボウカーを迎えた。

ボウカーの特徴は何か。ホームベースの上を通過する球なら何でも初球から振ってくる。だが選球眼が悪く、低めのボール球に必ず手を出す。このくらいの事前情報は持っていただろう。ところが初球、スライダーが高めに抜け、まるで〝衝突〟のような被弾。失投では済まされない。

8番打者の外国人、二死で次の打者が投手の内海であれば、カウント0－2と追い込んだつもりで長打だけを警戒すればいい。だが吉川は苦しみから早く逃れたい一心で、カウントを稼ぎにいってコントロールミスを犯した。細心さも注意力も全く感じられなかった。

【思わぬ巨人の足】

ではなぜ、吉川は苦しみから逃れたくなったのか。一回と二回に、巨人が見せた機動力ではないかと考える。一回一死一塁で、坂本の2球目に長野が二盗。二回一死一塁では矢野のカウント3－1から村田がスタート、ランエンドヒットで三塁に達した。どちらも完璧なスタートだった。

日本ハムは、この2つのプレーを巨人の「事前に収集した情報の確認」と捉えるべきだ。もしかしたら、吉川のセットポジションでの足の動きかどこかに、牽制と投球とで違いがあるのかもしれない。投球動作のクセがあるのではないか？と疑ってかかることだ。

【内海が陽岱鋼《だいかん》、糸井を殺した】

巨人のプレーには「マークすべき相手」は1番・陽岱鋼と3番・糸井であり、彼らを殺せば中田、稲葉へとつながる日本ハム打線を断ち切れる、という明確な意思を感じた。内海は右打者の陽には直球、左打者の糸井にはシュートで内角を強く意識させた。特に糸井は一回に三振、四回には思い切り詰まらせて二ゴロと、内角シュートで打ち取られた。六回には外角直球、外角直球、外角スライダーで3球三振。内角球の幻影におびえていた。

【巨人が最後に見せた隙】

吉川、陽、糸井が今後に動揺が残るほどに攻略され、八回までの日本ハムには、第2戦への希望らしきものが全く湧いてこなかった。

ところが、巨人は最後にミスを犯した。九回にゴンザレスが陽に浴びたソロ本塁打である。これはクライマックスシリーズ（CS）の評論でも指摘した「オープン戦のような選手起用」を見せたことにある。

八回二死から四球で出塁した阿部に、代走を送る必要はなかった。今季は残り最大7試合で終わる。故障を抱えながら戦い抜く覚悟があるのなら、何が何でも8－0のまま、陽と糸井を眠らせたままで第1戦の幕を下ろさせるべきだった。

日本ハムはCSでも「吉川で落としても武田勝で取る」と、第2戦を重視している。第3戦から敵地で戦う巨人は、なおさら第2戦へ心理的優位を保っておく必要があるはずである。

原監督は「短期決戦といえ長い戦い」と選手に告げていたという。間違いではない。同じ相手と最大7試合も戦うだけに、情報の再確認や洗い直しに追われ、心休まるヒマがない。

だが長さを縮めることもできる。この日ならば、正捕手の阿部に試合の幕引きを託すことだった。巨人にとって重大な「蟻の一穴」となりそうな予感がある。

栗山監督に備えと覚悟が見えない

10月28日	東京ドーム	日本シリーズ第2戦			
日本ハム	000	000	000	……	0
巨　人	100	000	00X	……	1
勝 澤村	S マシソン	敗 武田勝			

初回、先頭打者本塁打だけの1－0で終わった試合は、日本シリーズ史上初めてだという。確かに記憶にない。澤村と武田勝の投手戦ではあった。しかし、球場が盛り上がったのは、九回二死からの日本ハムの連打だけ。この事実が、淡泊な第2戦を証明している。

【二岡の右飛】

日本ハムファンの期待は、一瞬でしぼんだ。九回二死から稲葉、小谷野の連打で一、三塁。代打の切り札、二岡がマシソンの初球、外角いっぱいの直球を打って右飛。さて、どう打つかと身構えていた私も落胆した。

九回二死一、三塁。進塁打も犠飛もダメ、ヒットを打つしかない状況である。二岡は右方向を狙った。これは間違いではない。だがそこに二段構えの備えがない。「甘い球だけを、右方向に打ち返そう」。これが二段構えである。

相手は外国人投手のマシソン。制球がいいわけではないのだから、真ん中から内寄りに目をつけておき、外角いっぱいは捨てる。その上で「制球は悪い。必ず甘い球は来る」と覚悟を決めるのだ。「切り札の二岡が打てなければ負け」と誰もが考えている。覚悟を決めて投球を読み、たとえ見逃し三振に倒れても、誰も責めはしない。勝負どころだけに勝負心で挑んでほしかった。

【栗山監督に備えと覚悟がない】

二岡以前に、2試合を終えた栗山監督から、備えと覚悟が見えない。九回二死から右前打した稲葉に、代走を送らなかった。小谷野の中前打で稲葉は三進したからいいのか。それは結果オーライである。代走要員には中島がいた。負けるにせよ、得点に近づくプロセスを踏んでいない。

一回に左手に死球を受けた中田が、四回先頭で打席に立つと、1球終えた時点で栗山監督が状態を確認した。私は「引っ張りすぎだぞ。素直に中堅へ打ち返せ」とアドバイスを送ったのかと思った。選手に「大丈夫か？」と尋ねれば、10人が10人とも「大丈夫です」という。日本一をかけた試合の4番打者ならばなおさらだ。栗山監督の判断、決断が遅すぎる。

選手はベンチで、監督の姿を絶えず横目で見ている。焦りや不安は伝染する。栗山監督はこの試合で、捕手を、第1戦でめった打ちを食らうリードをした鶴岡から、大野へ代えた。日本シリーズは捕手のためにある。同じ相手と最大7試合戦うには、第1戦から各打者の反応を完全に把握しておく必要がある。いきなりの懲罰的交代よりも、不足していたのは事前の準備だった。

私が知る限り、シリーズの途中から正捕手を交代させて成功した例は、1958年の西鉄しか知らない。西鉄は巨人にいきなり3連敗を喫した。王手をかけられた第4戦も二回までに3失点し、三原脩監督は三回から正捕手だった当時二十一歳の若い和田博実から、三十八歳のベテラン日比野武さんに代えた。稲尾和久がテンポのいい投球を取り戻して4連勝。「神様、仏様、稲尾様」のシリーズだ。

日本シリーズのような大試合は前夜からの「想像野球」から始まる、と考えている。日本ハムが巨人打線を抑えるには、想像野球と、試合後の「確認野球」が不可欠である。捕手の交代よりも、事前の備えと選手起用への覚悟が足りなかったのではないか。

【巨人に「もう1点」の執念が欲しい】

一回、2死球を与えた澤村がマウンド上で臆病になりかけたとき、捕手の阿部が澤村の頭をはたいた。プロ野球は大人の集団である。たとえチームリーダーといえ、プロ野球最高峰の日本シリーズで、4万人を超えるお客さんの前で見せる振る舞いではなかった。

もっとも、澤村はシリーズの空気に飲まれつつあった。先制点をやりたくない、試合を壊したくない、と慎重になりすぎていた。何としても澤村を立ち直らせる、との阿部の覚悟だったろう。澤村は反発心も手伝って、制球を取り戻し、中盤以降は原点（外角低め）へ球威のある直球を投げられていた。

ただし、巨人で物足りなかったのは六回の攻撃である。先頭で澤村が二塁打。2点目を何がなんでも奪いにいかなければならない場面で、続く長野にそのまま打たせて三振。二走が投手で、バントのサインは出しづらいのはわかるが、この1点は試合を決めかねないもの。「三塁前へ強めに転がせ」と指示してもよかった。

この2試合、日本ハムの後手後手の試合運びばかり目立った。好調の選手は小谷野だけという打線だけに、得点パターンが見えない。日本ハムには「どうやって点を取るか」という視点に立って選手を選抜してもらいたい。移動日を挟んだ40時間あまりで必死に備えなければ、シリーズはあっけなく終わりかねない。

「勝利への努力」が日本一の行方を決める

10月30日　札幌ドーム　日本シリーズ第3戦					
巨　人	000	020	010	……	3
日本ハム	023	001	01X	……	7
勝 ウルフ　敗 ホールトン					

日本シリーズ3戦目ともなれば、事前の準備どころか、1、2戦での確認作業も終え、あとは、それらを基にしての、「勝利への努力」「シリーズ制覇への努力」一本に絞るべき段階であって、しかるべきだろう。

しかし巨人は、それらのプロセスを、いまだに踏んでいない、消化していない、としか、映らなかった。

【阿部の配球】

ホールトンが二回、一死から稲葉に許した先制本塁打は、初球、真ん中からやや内角寄りに入るスライダーだった。

まず、稲葉という打者は、積極的で、決して待球主義ではない。しかも、あのコースは、好きなコースでもある。

この2点を、事前に把握していないはずは、ないだろう。

特に、左打者に対して、ストライクゾーンからストライクゾーンに入るスライダーは、自然とバットが出て、さばきやすい球でもある。

ホールトンと阿部には、一死を取って、ホッとした気持ちも、あったはずだ。安易にカウントを取りにいき、手痛い一発を浴びた。その後の日本ハム打線にも勢いをつけてしまった、という意味でも、悔やみきれない1球となった。

【原監督の選手選択】

その阿部が五回、二ゴロを放ったあと、交代した。右脚の違和感だと聞く。シーズン中から、両足首に不安があったのだから、こういう事態も十分、想定できたはずである。

しかし、代わって4番に入ったのは、實松だった。捕手を2人しか登録していなかったためだという。私にはこれが、理解できないのである。

その後九回の好機に實松に打順が回って、凡退。

もう1人、捕手を入れておけば、打順も含めて、もっと攻撃的なオーダーが組めていたはずだ。

私はこの一戦で、日本ハムが四分六分に巻き返したと見る。

飯山のサヨナラ打を生んだ根拠なき配球

10月31日　札幌ドーム　日本シリーズ第4戦

巨　人	000	000	000	000……	0
日本ハム	000	000	000	001X……	1

（延長十二回）
勝 宮西　敗 西村

野球は、心理のスポーツである。そしてまた、野球は、確率のスポーツである。同点の十二回、一打サヨナラのピンチ。巨人の捕手、實松は日本ハム・飯山の心理を読み、打ち取れる確率が高い、根拠のあるサインを出したか。私には到底そう思えなかった。

【根拠なき配球から生まれたサヨナラ打】

十二回一死一、二塁、飯山への初球、西村の直球は外角高めに外れた。続く2球目、今度は真ん中低めへ再び直球を投げて、左中間にサヨナラ打を浴びた。

實松が出した、このサインには根拠がない。「捕手は裏かき稼業」、が私の持論である。初球の真っすぐがボールとなると、2球目にストライクゾーンに真っすぐを要求するのは嫌なものだ。簡単に直球でカウントを取りにいくのは「打者の思うつぼ＝表」と思えるからだ。だから「裏」の変化球を要求する。これが「裏かき稼業」たる捕手の習性である。

まして飯山は本来、守備固めの選手。1試合1打席か多くて2打席しか立たない。こうした選手の多くは狙い球を絞ることは少なく、直球のタイミングで対応しようとする。さらに西村はシュートで追い込み、フォークで仕留めるタイプ。打者はまず「早いカウントで来る直球を打たなければ。追い込まれたらチャンスがない」と考える。そこで初球ボール。「真っすぐ一本で待つ」確率はさらに高まっている。

こうした打者心理から判断すれば、2球目に直球を、ストライクゾーンに投げさせる根拠はない。打たれたら負け、の状況なのだから、9番打者だろうが、守備要員だろうが、4番打者を迎えたのと同じ覚悟で対さなければならない。この一事を見ても、正捕手・阿部の不在は大きかった。

【カーブを攻略しきれなかった巨人打線】

巨人打線は、中村を攻略できなかった。立ち上がり、中村のカーブを狙わせたのは正しかった。一回の長野、三回の實松、五回の矢野と、五回までの4安打は全てカーブ。他の打者もカーブにタイミングを合わせ、中堅方向へと打ち返しにいった。

私のカウントでは、中村のカーブは全77球中19球にすぎない。それでも巨人打線がカーブを狙ったのは、中村には直球とカーブ、シュート系のツーシームしか球種がなく、特に右打者に対して、最低でも1球はカーブを配球に織り交ぜてくる、というデータがあったからだろう。

問題は狙い方である。実は「カーブを狙う」とは、打つだけではなく、バットを止める目的もある。「カーブのボール球に手を出さないために狙う」のである。これが徹底しきれなかった。

六回一死二塁、坂本はカウント2－0からの3球目、高めに抜けたカーブを強引に打って左飛に倒れた。一回にはストライクゾーンのカーブを中前打した。だが、チャンスで打者有利のカウントとなり、当初の「狙う」ではなく、「打たなければ」に気持ちが傾いてしまった。「狙う」のままだったならバットは止まっていただろう。

坂本が倒れても、4番が本来の阿部であれば、軸足に体重を乗せてから回転で打つタイプの打者だけに、中村の緩急に対応できる可能性は高かった。だが高橋由はカーブを事前に意識しすぎてしまったのか、中村との3打席は全て内角直球に詰まらされ、得点圏に走者を置いて2度凡退した。

【日本ハムも正捕手不在で4番が不振】

日本ハムはこのシリーズで鶴岡と大野が2試合ずつ先発し、確たる正捕手がいない。さらに4番・中田が不振だ。九回の山口、十一回の高木京と、いずれも左腕投手に内角直球で見逃し三振に仕留められた。

第2戦で死球を受けた左手甲の状態が思わしくないとはいえ、長距離打者が、一打サヨナラの場面で内角を攻められて手が出ない。第3戦、第4戦と1安打は出たが、どちらも走者なしで、外角の甘いスライダー。直球に振り遅れるのを見透かされて、なおさら内角を攻められる。4番打者の攻めをされていない。

つまり巨人と日本ハムは捕手と4番打者が存在感を失った状況にある。このような日本シリーズを、私は見たことがない。もともと正捕手に頼らず、中田に好不調の波があっても勝ってきた日本ハムか。内海、澤村と先発2枚が好調な巨人か。五里霧中のシリーズを制するのは、それでもやはり「1球の根拠」をより強く追求したチームであってほしい、と私は願っている。

吉川と内海との、いかんともしがたい差

11月1日　札幌ドーム　日本シリーズ第5戦

巨　人	023	120	002	……	10
日本ハム	011	000	000	……	2

勝 内海　敗 吉川

栗山監督は、この一戦をどう位置づけていたのか――。第6戦から敵地で戦う日本ハムは、この第5戦を石にかじりついても取らなければならなかった。しかし、第1戦と同じ失敗を犯し、おびえたような投球を見せる吉川にこだわりすぎた。勝負への執着心が、あまりになさすぎる。

【同じ失敗を犯した吉川と鶴岡】

ボウカーが二回一死一塁で放った2ランは、防げる本塁打だった。初球のスライダーが甘

くなって打たれた第1戦の3ランに対する反省と対策は、どこにも見られなかった。一発がある。しかし選球眼が悪い。ならばストライクは1打席に1球あればいい。だが鶴岡はカウント1－2から内角直球を要求し、ストライクゾーンにミットを構えた。打たれるべくして打たれている。

短期決戦の鉄則は、シーズン中の数字は捨ててかかることである。交流戦で巨人に勝ったとはいえ、この日の巨人打線には第1戦で攻略した、いいイメージしかない。では吉川に、それをはね返す強靭な精神力、絶妙な制球力、打者が嫌がる絶対的な球種があるか。現状では、どれも足りていない。

日本ハムはこの一戦をどうしても勝たなければならない。なれば三回に、少なくとも坂本に3点目のタイムリーを許した時点で交代を考えるべきだった。栗山監督は短期決戦の鉄則を見誤り、吉川の今季の成長を過信して墓穴を掘った。

【不調の内海を助けた加藤のリード】

一方、ひょうたんから駒だったのは、巨人の捕手、加藤だった。微妙な判定での死球とその後のブーイングで注目を浴びてしまったが、序盤での大量得点に助けられて、味のあるリードをした。

中4日登板の内海は三回までに2点を失い、本来の球威、制球ではなかった。内海の不調と序盤からの劣勢で、打ち気にはやる日本ハム打線を、早いカウントでのチェンジアップで巧みにかわした。七回無死一塁で、金子誠に初球カーブ（見逃し）の後で、2球目にチェンジアップを振らせ、3球目は外角低めシュートぎみの直球で見逃し三振。続く鵜久森《うぐもり》の空振り三振も、カウント2－1からのチェンジアップを空振りさせたのが効いていた。

内海が登板した第1戦では、日本ハム打線に左打者へのシュート、右打者への内角直球を強く意識させる阿部の強気のリードが目立った。だが、この日は一転してチェンジアップ、カーブを早めに見せて意識させたために、日本ハム打線は、より的を絞りづらくなった。

控え捕手の加藤が、そんな味がある配球をできたのも、内海には打者が嫌がる頼るべき球種と、本来の球威はなくても「低めへ」という意識を持っていることが背景にある。内海と吉川との、明らかな実力差ともいえるのである。

【現在の斎藤は限界にきている】

その吉川からも大きく後れを取り、この日の敗戦処理が日本シリーズ初登板となった斎藤にも同じことがいえる。

変化球の種類は多いが、打者が嫌がる球種はない。制球力も自慢できるほどではない。八回こそ坂本、村田に対して外角低め＝原点への直球で打ち取った。だが九回二死満塁で鈴木にカウント2－0から打たれた直球は、「いいコース」にこだわり、甘く入って打たれる斎藤のプロとしての限界を表している。

まず「いいコースへ」ではなく、「低めへ」と徹底して狙う。次に打者が嫌がる、例えば左右は違うが、内海のチェンジアップのような球種を身に付けること。カウント0－1、1－1といった、打者が打ち気満々のカウントで、真ん中からストンと落とす変化球があれば楽になる。

この2つさえあれば、「勝負する」のではなく「誘う」技巧派の投球術を身に付けられる。現在の斎藤は「勝負する」という点で行き詰まっている。プロ野球選手の進歩は、限界を知ることから始まる。その限界を自覚して、「誘う」投球術のための低めへの意識と打者が嫌がる変化球を習得するべきだ。

巨人の優位はもはや動かしようがなくなった。だが日本ハムもパ・リーグを代表している以上、勝利への執念を見せなければならない。そのためには栗山監督自身が、勝負への執着心を打ち出すことだ。日本シリーズは、頑張ったごほうびのためにあるわけではないし、甲子園のような育成の舞台でもない。選手の成長は、勝利を貪欲に目指した先に結果として得られるものであることを、肝に銘じるべきである。

日本シリーズは、捕手のためにある

11月3日　東京ドーム　日本シリーズ第6戦

日本ハム	000	003	000	……3
巨　人	210	000	10X	……4

〔勝〕高木京　〔S〕山口　〔敗〕石井

決着戦は、4－3。スコアだけ見れば、確かに接戦だった。しかし私には、防ぐ手立てはあった失点、防いでしかるべき失点ばかりだった、としか映らない。それが今回の日本シリーズ全体を象徴していることも、残念であり、寂しくもある。

【阿部に見透かされたスライダー】

七回二死二塁、カウント3－1から阿部が放った、中前決勝打は、左腕・石井の外角低めスライダーだった。直球で安易にストライクを取りにいったわけではなく、決して甘いコースでもなかった。なぜ打たれたのか。それは、捕手・大野の配球が、阿部に見透かされていたからである。

まず、打者心理だ。阿部は「一打勝ち越しのチャンス。俺に対して、ストレートは来ない。怖がっているはずだ、まともに勝負は、してこない」と考えたはずだ。これは強打者の特権と言ってよい。

ところが初球、外角直球。直球は待っていない上に、四球で歩かされることも考えていた阿部は、ぴくりともせず、見送ってボール。2球目は内角に沈む球で、これにも全く動せずにボール。3球目は真ん中の甘いスライダーを、悠然と見逃した。これは明らかに、1ストライクを犠牲にしての〝様子見〟であり、〝餌まき〟だった。

次もスライダーで、外角にボール。この時点で阿部は「もう直球は来ない。やっぱり最後はスライダー」と確信したはずだ。しかも次打者は右の村田。「簡単には歩かせないだろう」との考えに傾いている。四球も出したくない相手バッテリーが選択するのは、つまり、ストライクゾーンのスライダー。

いかに左腕の逃げる球でも、阿部の打撃技術からして、餌食となるのはやむをえまい。大野に阿部の狙いを察知しろというのは、まだまだ酷かもしれないが、スライダー勝負の雰囲気を強く醸し出し、しかも3球も続けた単調さは、大いに反省すべきである。

【生命線を忘れた武田勝】

一回の2失点は、理解に苦しむ大野の配球と、自らの持ち味を忘れた先発・武田勝の、両方に責任がある。二死満塁から矢野に対し、直球を4球続けて、左越え2点タイムリーを浴びた。

武田勝は、スライダーとシンカーが武器で、直球は130キロそこそこのスピードしかない。それを4球も続けた大野も大野なら、サインに首を振らない武田勝も、どうかしている。

一回二死無走者から、長野に喫した本塁打は、スライダーを3球続けたもの。右打者の外に逃げるシンカーを3球続けるのなら、まだわかる。右打者の内側に入ってくる左腕のスライダーは、自然とバットが反応できる。長打になりやすい。二死無走という、長打を最も警戒すべき場面で、選ぶ球種ではなかった。

日本シリーズは、捕手のためにある。私は、マスクをかぶっていた現役時代も、監督になってからも、それを肝に銘じ、事前に備え、試合で感じ取り、また確認し、最大7試合の勝負をこなしてきた。その自負がある。

今回のシリーズは、皮肉なことに、逆の意味で、その意を強くするものになった。

第四章

「江夏の21球」――日本シリーズ評論選集

【編集部注】以降原文を尊重し、ボールカウントは「ストライク―ボール」の順のまま掲載いたしました。

1979年11月4日　日本シリーズ　近鉄対広島第7戦
9回裏無死満塁のピンチを乗り切り見事優勝した広島・江夏

1976年 王にタイミングを外すカーブは通用しない

1976年10月23日　後楽園　日本シリーズ第1戦
阪急　010　030　011……6
巨人　200　002　000……4
勝 山口　敗 小林

一回裏2点をとり、巨人優位でスタートしたゲームが、二回表の1点で阪急の方に傾いた。二死一、二塁、福本の中前ヒットであげた1点だ。このとき福本の打球は当たりそこねで死んでいた。そのうえ中堅柴田のダッシュが悪く、さらに弱肩、スタートの悪かった中沢の生還を許した。突っ込み不足と悪送球が重なった失点。私なら河埜《こうの》の強肩を生かし柴田―河埜―吉田孝というリレーをやったろう。巨人はこの回、末次が森本の右翼線のライナーを好捕している。それにつづき、柴田がホームで中沢をピシャリと刺していたら、2－0のまま、ゲームは完全に巨人ペースになっていたろう。

Ｖ９時代には考えられないミスだ。それにしても巨人のバッテリーは若い。とくに、マルカーノに対する攻め方を完全に間違った。

五回無死一、二塁の場面でリリーフに出た小林が、併殺を狙い、シンカーを多投したのはわかるが、打者によりけりだ。マルカーノという打者は、まっすぐのタマに強い（シンカーもその中に入る）。打席に入ったらそれを待っている。あの場面、２－２後の外角をひっかけるように打ってファウルしたが、そのときもシンカーに反応していた。それなのに巨人のバッテリーはどうだ。そのあと６球目も内角寄りのシンカー、同点の二塁打は当然の結果といえよう。

同じ五回一死満塁で中沢に対する攻め方も策がなかった。中沢はその前の打席で、右翼にヒットを飛ばしている。１、２球、内角へシュートを投げたのはこうした伏線があったからだが、あまりにも型にはまりすぎていた。

それもストライクならいいが、２球目ともはずれて０－２。こうなれば投手は四球がこわい。満塁で投手は１球目にストライクをとるのが定石だ。小林のように打たせてとる投手にはとくにそれがいえる。それなのに０－２。３球目は間違いなくストライクがくる。それも小林の一番得意なシンカーで……。中沢も同じように読んだに違いない。３球目のシンカーを狙い打ちして三遊間を抜いた。

もっともこの中沢も六回に大きな失敗をしている。王に対するカウント1－3後のタマだ。ベンチから「歩かせるな。勝負せよ」の指示がでた。

阪急のバッテリーはこれに従ったわけだが投げたタマがタイミングをはずそうとするカーブというのはいけない。王ほどの打者にそんなことが通じるはずがない。同点の2ランはでるべくしてでたといってよい。

私なら、あの場面、こわいのは本塁打、ヒットならもうけものと考え外角へシンカーを投げる。中沢もよい勉強をしたに違いない。

巨人の打者はやはり山口の高めのボールに手を出した。九回裏の淡口などとくにひどく、空振りしたのは全部ボールだった。私も経験があるが、あのコースのタマはボールとわかっていてもつい振ってしまう。

山口が背の高い投手で上から下へ投げおろす感じだったらああも簡単にひっかからないだろう。ところが山口は身長が1メートル72センチ、私たちと変わらない。いうならば同じレベルから投げてくる。そのタマが打者の近くで浮き上がる。だからうかつにも振ってしまうのだ。この日見たかぎりでは巨人の打者は今後も振ってはいけないとわかっていて振る――

というジレンマに陥るのではないか。

第1戦をとった阪急、第2戦の先発は足立だろう。巨人としては早く点をとり、山口の出番をなくさないと苦しい。この日のように終盤同点で山口という試合展開になれば、ストレート負けのおそれもある。

巨人、再びデータ不足暴露

1976年10月25日　後楽園　日本シリーズ第2戦
阪急　020　020　010……5
巨人　000　100　210……4
勝 足立　S 山口　敗 ライト

データ不足がまたまた巨人の敗因をつくった。五回表一死二、三塁で福本が二塁左にゴロを打った。これを左に走って取ったジョンソンが一塁へ悪投、2点を失った。このとき、ジョンソンは福本を迎えて、一塁寄りに守備位置を変えたが、これは大きな間違いだ。福本は左投手のときは引っ張らずに流すことが多い。二塁手は、二塁寄り、むしろベース際に寄るべきだ。それを知らないジョンソンは一塁方向へ移動し、〝二ゴロ〟をヒットにしたばかりか、一塁へ悪送球して余分な1点を与えた。

この回、無死二塁で大橋を歩かせたのも巨人にこたえた。大橋が一打席目でスライダーを打ったのが頭に残っていたのか、ライト―吉田孝の巨人バッテリーは、カウント1－0後、シュートで逃げ、あげくのはて歩かせてしまった。

大橋は内角球を打つといい当たりはファウルになる打者だ。これを事前に知っていたらアウトを取りやすい打者を歩かせることはなかったし、あとは投手の足立に左打ちの福本、2点をとられなくてすんだだろう。

四球といえば八回表、代わったばかりの新浦が大熊を2－1から歩かせたのはまずかった。2－1のあとの4球目というのは、なにを投げてもいい。とにかく思いきって投げられるカウントだ。それなのに逃げに逃げて結局は四球である。

これでは野手はたまったものではない。バッテリーの呼吸も合わなくなる。この日、巨人の投手は阪急のスパイを気にしてサインに乱数表を使っていた。公式戦でやっていないことをやったのだ。投手はサインを見るのが精いっぱいでコースを考えて投げる余裕はなかった。その上、理解するのに時間がかかるとくる。守っている者はたまらない。薄ら寒い天候に、ただでも体が重いところへ、あんなに待たされたらよい動きはできない。この試合、巨人は5失策をしたが、その責任のいったんはバッテリーにもあったろう。

攻める方でも巨人は失敗している。五回裏、ジョンソンからはじまった攻撃ではなぜ左攻撃をかけなかったのだろう。

足立は外角へ逃げるカーブを投げられないため、左打者をニガ手としている。それなのに、ジョンソンに打たせた。二死後、淡口の起用では遅い。

第2は八回裏、王の二塁打で1点差にしたあと柳田の見送り三振だ。1、2球ファウルして2－0。そのあと柳田は1球遊んでくるとみたのだろうが、それは山口に限っては甘い。ここに巨人全体の弱気が感じられるが、あそこはどんなタマでも積極的に打っていく気構えが必要だ。

この日の山口は不調だった。巨人は八回一死後、高田、張本の四球を足場に1点を返した。四球を手がかりにつぶす。これは山口攻略の一つのパターンだ。巨人はそれを見つけておきながら、九回先頭の矢沢が2球目を簡単に打った。こんなことはV9時代にはなかった。あのころはもっと粘りがあった。粘りとは、いかにして次の打者につなぐかということだ。いまの巨人にはそれができない。

本拠地で連敗した巨人、前途はまことにけわしいが、これで勝負あったとは思わない。山口の攻略を考えるより、山田、足立を打つことを考えることだ。そうすれば道は開けてくる。

山田久志の研究が足りなかった巨人

10月27日　西宮　日本シリーズ第3戦

巨人	002	000	010	……3
阪急	400	030	03X	……10

勝 山田　敗 加藤初

巨人は阪急の研究を真剣にやっているのだろうか。第1戦で打たれたマルカーノに同じ失敗をやり、またまた痛い目にあった。

巨人の先発加藤初は一回裏二死一塁でマルカーノに左中間を抜かれて以後すっかり動揺したが、あれは打たれるべくして打たれたといってよかった。

七回、3人目の倉田が、低めの変化球を投げ、最後は高めのボールで勝負、三振にとったが、あれがマルカーノを封じるパターンだ。こんなことはもうわかっていなければならないのに一回二死一塁の場面で加藤は0－2後、真ん中に直球を投げた。マルカーノが逃《のが》すはずがなく、「いかん」と思ったときには、左翼のフェンスにころがっていた。

もっともこのとき、外野のフォーメーションもおかしかった。マルカーノの打球は両翼に飛ぶのは少ない。それなのに左翼張本はファウルライン寄りに守備位置をかえていた。これも研究不足が招いたミスで、中堅方向に移動していたら二、三塁にとめられたかもしれない。

このあと阪急はウイリアムスの二塁打、2四球、大橋のヒットでこの回4点をとる。

前日、長島監督は「4点は覚悟している」といっていたが、一回にいきなり4点はこたえる。もっとも反撃のチャンスはあった。二回表先頭の柳田のカウントが1−3となったときだ。

4点とられたあとだ。ここはじっくりと攻める場面で、当然、走者をためたい場面だけに1球待つべきだった。それなのに柳田は打ちにでて中飛である。

第2は四回裏阪急の追加点機を併殺で切り抜けたあと、五回表の攻撃だ。このとき得点は4−2で阪急のリードだったが四回裏の併殺で試合の流れは巨人に傾きかけていた。

それをせきとめたのがマルカーノである。一死二塁で張本の左に飛んだ打球を逆シングルでとめ一塁に刺した。あの美技はその裏の3ランより価値があった。

この時も小林—吉田孝の巨人バッテリーは大きな誤りをしている。マルカーノが打ったのは外角のカーブだ。狙い通りのタマを狙い通り右中間にたたきこんだ。これには伏線がある。巨人のバッテリーはその前の打席（三回）で7球中6球もカーブを主体とした外角攻め（スライダーも含む）で二ゴロに仕とめている。

マルカーノはヤマを張る打者だ。直球を二塁打した第一打席、カーブでやられた第二打席、そうなるとこの打席では、当然カーブ系のタマに狙いをしぼっている。無死一、二塁で右方向へ打つべき状況を考えてもこのことは予測できた。それなのに小林は1球目に外角へカーブを投げた。しかもボールになるタマでなく、ストライクをとるタマだったからたまらない。

私ならあの場面でカーブは投げないが、もしどうしてもカーブを投げなければならない状況ならボールになるカーブを投げる。吉田もそのことはわかっていたはずだ。それなのにストライクのカーブになったのはバッテリー間で意思の疎通を欠いていたのだろう。

下手投げ投手はカーブの使い方がポイントになる。小林はこのカーブをマルカーノに3ランされたが、逆に阪急の山田はこのカーブをうまく使い完投勝ちした。

中でも王に対する攻め方は絶妙だった。王は内角ぎりぎりのタマを打つとほとんどファウルになる。

山田はいうならば〝弱点〟をつき、カウントを有利にし、勝負どころは内角に快速球をびしり。犠飛だけでヒットを許さなかった。王に本塁打されても形勢は逆転しないという点差があったとはいえ、この日の山田のピッチングは王封じの一つの教科書になるのではないか。

どたん場に追い込まれた巨人、もうあとは堀内の強運にたよるしかない。

柴田に痛恨の1球

1976年10月29日　西宮　日本シリーズ第4戦

巨人	010	000	102……4	
阪急	101	000	000……2	

勝 小林　敗 山口

1球の怖さを改めて知った。九回表二死後山口が小林にカウント2－1後、中前へ打たれたのはハーフスピードのタマだった。

あのとき小林は、「私は打ちません」というような格好をしていた。山口がこれにだまされたというわけではなかろうが、同点で九回という場面で、あんなタマを投げたのは心のスキと責められても仕方なかろう。

打たれた瞬間、山口はマウンド上でにが笑いした。打たれても、三振させてもマウンドでは一切、表情をかえない男としては珍しいことだった。おそらく内心、「しまった」と思ったに違いない。こうした後悔の気持ちが、正常に戻らないままつづく柴田を迎える。

1球目、直球が内角低めに入る。山口という投手は重心が高い。そのため低めの直球は高めより球威が落ちる。このときもそうだった。くるりとまわった柴田のバット、打球は巨人ファンの歓声をのせ右翼席に飛びこんだ。

瞬間、山口はがっくり下を向いた。痛恨の1球である。打たれた山口の心中は手にとるようにわかるが、この一発には伏線があった。

七回、柴田は右翼へ同点の犠飛をあげた。阪急のバッテリーが柴田に対する投球を反省するならここからはじめるべきだろう。

この回、山口は一死後突如、制球を乱し、矢沢以下を連続3四球で満塁とした。この間、15球投げたが、全部直球だった。日本シリーズになると山口は徹底的にストレートを投げる。この是非はともかく、打順が一番にまわり、柴田にまで同じ直球中心のピッチングをしたのはまずかった。

山口は日本シリーズでは投球数の90％以上、直球を投げるという印象を与えている。それだけに時おり投げるカーブは効果がある。

この日の山口にとってそのチャンスは柴田のカウント2－1後の5球目だ。あそこでカーブを投げていたら間違いなく柴田は三振したろう。それなのに直球を投げ、右犠飛をあげられる。

これで巨人は追いついたわけだが、柴田自身、山口の直球を打つ感じをつかんだ。これが九回の打席でも大きな自信となっていたに違いない。

山口のような速球投手は一度打つのと二度打つのとでは慣れ（工夫もできる）という点で感じが違ってくる。その意味で、山口が五回途中に登場したのは早すぎたということになるが、私はこの日の足立の出来からして、上田監督が、あそこで山口を起用したのは当然の策で、むしろ、山口を早くひっぱり出す局面をつくった巨人をほめるべきだと思う。

山口と同じミスを犯した山田

1976年10月30日　西宮　日本シリーズ第5戦

巨人	000	400	100……5
阪急	000	100	020……3

勝 ライト　S 小林　敗 山田

山田よ、お前もか。第4戦で、山口が小林に気を抜いて打たれ、痛い目にあったが、この試合で山田がまた同じミステークをやった。

四回、ライトに打たれた2ランだ。カウント2－0のあと、カーブを打たれた。三振に仕止めた第1打席から、本塁打されるまで、山田はライトに5球投げているが、全部ストレートだった。それだけにカーブを投げる時期としては悪くなかったが、選球眼の悪い打者にストライクはいけない。ボールを投げるべきだ。それなのに山田は、「相手は投手、カーブなら大丈夫」と油断、切れの甘いストライクのカーブを投げた。このスキをつかれた。

山田にとって、中2日の先発は今年はじめての経験だ。肉体的な疲れは見られたが、精神面では充実していた。一回一死一、二塁で王を三振させた投球などすばらしかった。あの時の気持ちで投げていたなら、ライトに打たれることはなかったろう。

その意味で、微妙なポイントとなったのは、四回無死、王に対する2－1後のタマだ。抜くように投げたスライダーはストライクコースをよぎっていた。それなのに審判の判定はボールである。山田は本塁の近くまできて文句をつけた。それが通らず、結局、2－3後、王を歩かす。山田はがっくりきた。続く柳田も四球で出してピンチを広げ、その上、高田のバント処理が遅れ、三進する王を刺せるチャンスを逃がした。そのあと、吉田孝にタイムリー、ライトの2ランで4点を失う。ストライクと見た球がボールとなった。山田の気落ちする気持ちもわかるが、ボールの判定で抗議するのはよしあしだ。

こんなアピールは、著しく審判のプライドを傷つけるものらしい。それを聞いてから私は、日本シリーズの前になると、セ・リーグの審判のクセのほか、性格まで調べた。文句をつけられる人に抗議したら、逆効果になることが大きいからだ。山田もそうだった。4点を失っただけでなく、八回の攻撃でもチームがひどい目に遭う。2点差に迫り、なお一、二塁のチャンスで打席に入ったウイリアムスの2球目は、完全にボールだった。それがストライクになったのは、四回の抗議と無関係ではなかったと思う。私も巨人との日本シリーズで再三痛い目にあったことがある。

巨人の殊勲者は吉田だった。四回一死二、三塁で打った右前ヒットは、みごとというほかはない。この打席、カウントが0－2となった時、巨人ベンチは〝待て〟のサインを出した。得点は0－0。一死二、三塁、カウント0－2という場面は、どんどん打っていくカウントである。それなのに待て。3球目はストライクでカウントは1－2に変わる。4球目、待てのサインが解け、吉田は外角球に手を出してファウル。

これでカウントは2－2になった。こうなれば、山田―吉田の力関係からして、得点打は無理とみた。その原因となったのは3球目に出た待てのサインだ。ベンチの大ミスである。それを吉田が7球目を右前に打ち帳消しにした。

この日で3勝2敗。星の上では依然阪急だが、第6戦、堀内のいる巨人に対し阪急は先発投手の人選に決め手がない。それを加味して考えると形勢は五分と五分だ。

命とり「山口先発」

1976年11月1日　後楽園　日本シリーズ第6戦
阪急　200　230　000　0……7
巨人　000　023　020　1X……8
（延長十回）
勝 小林　敗 山田

私は山口という投手がわからなくなった。負けるときは四球で崩れて自滅するタイプであることは知っていた。第4戦のように僅差の試合で3連続四球というのは考えられなくもないが、この日のように7－0とリードしていてストライクが入らないとは……。

これまでと比べ調子がよくないのは事実だった。スピードがなく、そのためいつになく変化球が多かったのは、そのあらわれといえたが、山口の武器はストレートだ。ピッチングはあくまで直球が中心でなければならない。

変化球多投では長続きするはずがなく、五回に3点を加え、7－0となったときが、本来の投球にかえるチャンスだった。

それなのに相変わらず変化球を投げた。なかでもネット裏から見ていて歯がゆい思いをしたのは六回、無死から高田、吉田孝に与えた連続四球だ。

この場面、巨人側からみると、とにかく走者をためねばならない。ベンチのサインは「待て」しかない。逆に阪急のバッテリーは、直球でどんどんストライクをとっていけばいい。それがカーブを投げる時機ではないときにカーブを投げ、ボール、ボールだ。

山口の制球のなさにはあきれたが、捕手の中沢もどうかしていた。あの回、山口のボールはことごとく高めに浮いていた。

こうしたとき捕手はマウンドに走り「ワンバウンドで投げるつもりで来い」とアドバイス、そればかりでなく、土にミットをくっつけるくらい低くかまえてやるべきだ。これをやるとタマは低めにくる。それなのに中沢は同じかまえを変えなかった。あげくに淡口に対し、2－0後、ストライクのフォークを投げさせ、右翼へ3ランである。

このあたり捕手も悪いが、ボールが続いたと思ったら打者が代わったとたんにやたらストライクをつづける山口という投手、どうなっているのかわけがわからない。

上田監督はなぜ、山口を先発に使ったのだろうか。私はシリーズの前から、巨人が優勝するには山口を先発にひき出す展開にもっていくことだと主張していた。逆に阪急は、山口はあくまでも抑えに残しておかなければならなかった。

もっとも、阪急が一度だけ山口を先発に起用してもよい試合があった。3連勝したあとの第4戦だ。あのときなら負けても3勝1敗、大勢に影響はないし、そのぶん山田、足立が休めた。しかし、この日の第6戦となると情勢は変わる。負けるともうとりかえしがつかない。山口を先発させると抑え役がいない。一本勝負の日本シリーズ。うまみが身上の山田では、山口のリリーフはつとまらない。それはこの日のゲームではっきり出た。試合は私が心配していた通りに展開、阪急は7－0をひっくりかえされて負けた。

3連敗のあと連勝した勢い、それにホームグラウンドの利を考えると、一転してシリーズは巨人有利となってきた。

圧巻、足立の快投

1976年11月2日　後楽園　日本シリーズ第7戦

阪急	001	000	210	……4
巨人	000	011	000	……2

勝 足立　敗 ライト

勝負のポイントは六回裏の巨人の攻撃だった。ここでみせた足立のピッチングはすばらしかった。一死二、三塁で打者は張本だった。左打者が下手投げに有利なのはいまさらいうまでもないが、足立は、そうしたハンディを頭脳とテクニックではね返した。

1球目は内角いっぱいに直球を投げストライク。2球目はファウルでカウントは2－0となる。3球目、内角低めに直球を投げる。これがきわどいところではずれ、ボールとなったが、これは足立にとって計算通りだった。4球目に同じコースへシンカーを投げる伏線だった。張本はこれにまんまとはまり、一ゴロに倒れる。

ところがここで予期せぬことが起こる。加藤秀が本塁へ悪送球、1点を与えたのだ。

足立としては絶好のピッチングが、水のあわとなった。ふつうの人間なら動揺する。こうしたときつい自分を見失って傷を深めるところだが、ベテラン足立はあわてず、騒がず、気持ちの静まるのを待った。そのためたっぷり間をとった。王を歩かせ、淡口が打席に入ったときは、もういつもの足立に戻っていた。作戦は「シンカーを低めに落とし内野ゴロにしとめる」だった。

淡口も足立の1球目がシンカーであることは読んでいたが、シンカーは低め、ボールのコースに入るとひっかけて内野ゴロになる。だから、シンカーを狙うにしても、ストライクゾーンの高めにきたらという条件をつけねばならない。だが満員の観衆がごうごうと歓声をあげるヤマ場、若い淡口はそこまで考えが及ばなかった。

結果はボールのシンカーをひっかけ、投ゴロで併殺に終わる。ボールに手を出した淡口、確かにまずかったが、高めの直球と同じで、シンカーも、狙っているところへくるとつい振ってしまう。ここはシンカーをボールのコースに決めた足立をほめるべきだろう。

間といえば九回裏二死一、二塁打者山本和の3球目はわずかにコースをはずれ、ボールとなった。

このときは「ストライク」とみて一度ベンチに帰りかけた。こうしたとき投手は「早く勝負を決めたい」という気持ちから、4球目を投げ急ぎ、痛い目にあうものだ。しかし、足立は違った。気持ちが落ちつかなかったのだろう。一度セットポジションをはずした。このあたりの冷静さは、ただ感服するばかりだ。たっぷり間をとった4球目。外角高めにボールのカーブを投げる。山本和はあっさり空振りの三振に倒れ、阪急のV2が決まった。

このシリーズ、MVPは福本に決まったが、私が選考委員なら、3連敗のあとの3連勝、乗りに乗る巨人を冷静さと制球でかわした足立を推薦したろう。

巨人は波に乗り、いきりすぎた。そのため、足立のボールになるシンカーに手を出し、ペースにはまった。四回まで外野に飛んだ打球ゼロがそれを物語る。

それにしても阪急は、金では絶対に買えない経験をした。苦しみに苦しみ抜いた末の栄冠。同じ日本一でも、4連勝でかちとった場合とは比較にならないほど価値がある。一つ勝つことのむずかしさ。油断がどれほど自分自身を苦しめるか。得がたい教訓は来季の阪急にとって血となり肉となるに違いない。

こんな阪急をどう倒すか、頭が痛いが、負けてはおれない。私もシリーズを見て、いろいろと勉強をした。それをもとに、あすから打倒阪急の秘策をねりたい。

1979年　井本対策のデータが活かせなかった広島

1979年10月27日　大阪　日本シリーズ第1戦

広島	010	000	001	……2
近鉄	200	102	00X	……5

勝 井本　敗 北別府

見事に第1戦先発の大役をはたした井本だが、投球内容はプレーオフ第1戦より制球力が不足した分だけ、よくなかった。要所ではキレのいいボールが、よくコントロールされることもあったが、全般に甘いタマが多く、井本としては普通のデキというところだった。

それでいて、広島打線は4安打散発で2点しか奪えず完敗。最後まで狙いがしぼれなかった。

井本の投球内容を分析すると、はっきりした傾向が出ている。打者31人に107球を投げ、内角球は9球だけ。はっきりカーブとわかるのは15球（うちギャレットに4球）。ストレート（左打者にはシュート気味）を外角に集めるというピッチングである。たとえば、衣笠、山本浩には各4打席で内角球は2球だけ。2球続いたのは延べ31人で1人もいなかった。

これは、リードする梨田が、まだ広島の各打者の特徴、欠点をつかみ切っておらず、無難に乗り切ろうと考えたのと、内角球が甘くなっての長打を警戒したためだ。

これだけ、はっきりした傾向があれば打席が2巡した五回終了の時点で、広島は井本攻略の明確な指示が出せる。①一打席のうち、内角球は2球以上こない②打者有利のカウントでは外角のストレートがくる――。ここから導き出される結論は「外角のストレートを狙え」だ。

広島打線は、ギャレットを除けば柔軟なバッティングができる打者がそろっている。それなのに、流そうという意識で打ったのはライトル（七回、左飛）、三村（同、右前打）、山本浩（九回、右飛）の3度だけ。近鉄バッテリーは恐らく「外角へ集めておけば相手に策はない」という気持ちだったろう。

広島はギャレット以外が流し打ち、引っぱりを自在にできると書いたが、これは相手を自分のペースに巻き込めるということでもある。ファウルや空振りになっても右狙いを見せることができるし、見送るときでも踏み込んで梨田に考えさせることも可能だ。梨田が捕球した瞬間、打者の動きで狙いを知ろうとする姿勢を見せていたのに対し、広島はあまりにも策がなかった。捕手が外角主体のリードをするときは、半信半疑ということが多い。梨田にもいつ狙われるか不安があったはずで、もっと考えさせなければウソだ。

とくに五回以降のバッティングには首脳陣の責任もある。日本シリーズは互いに手の内の読み合いだ。早く読んで決断を下すことが大事である。「どうすれば、井本攻略ができるか」を考えれば、先述した結論を実行に移さねばなるまい。スコアラーが傾向を察知し、打撃コーチが攻略法を出す、そして監督が決断を下す。広島はそれができていなかった。

苦しんでいるときに指示を与えられれば、打者は迷いを捨てられる。逆手をとられて失敗しても責任は指示を与えた側にあり、選手は非常に気持ちがラクになるものなのだ。そういうことをやるのがデータの威力である。苦しいときほど生きてこなければウソで、情報では優位といわれた広島だが、その処理のしかたに一考が必要である。

江夏を惑わした藤瀬の足

1979年10月28日　大阪　日本シリーズ第2戦

広島	000	000	000	……0
近鉄	000	000	40X	……4

勝 鈴木啓　敗 山根

〝足〟が、投手攻略にどれほど威力を持つか、改めて見せつけられた。せり合いの終盤で、近鉄のカギはリリーフ山口より代走・藤瀬だというのは、シリーズ前に書いたが、鈴木―山根の完璧な投手戦を打ち破るため、西本監督は七回無死一塁で迷わず藤瀬を代走に送って勝負に出た。

こういった投手戦は、①一発②足③エラーのどれかが明暗を分ける。古葉監督もそれはたえず頭にあったろう。山根は、藤瀬の足を警戒してクイック投法で対抗したが、完全にモノにできておらず、威力のないタマが2球つづいた。いつ、江夏につなぐかを考えていた古葉監督はこの2球で好投の山根から江夏に切り替えた。

打者のニューカウントでなく、途中からでも江夏を出そうという気持ちにさせたところが、藤瀬の足の第一の殊勲である。江夏という投手は、タマの威力より打者とのカケ引きで封じ込むタイプに変身している。ボールでようすを見たり、誘ったりしながらペースに巻き込むのだ。0－2はその味を出せないカウントだ。古葉監督もそれを知らないはずはないが、それでも江夏をと考えるムードにさせられたわけだ。

しかし、江夏もさすがで、マニエルが対左投手ではカーブを狙うという特徴を読んで外（見送り）内へのストレートで2－2に追い込んだ。ここまでは申し分ないピッチングだったが、ここから再び藤瀬の足が、バッテリーに影響を与えることになる。

マニエルは2－2で、ストレート系に狙いを変えていた。これは5球目の高めのストレートをフルスイングでファウルしたことで、はっきりと読めた。このタイミングで待っているマニエルには逆にカーブが有効なのだが、江夏はカーブを1球も投げず、最後は2－3から7球目（江夏にとって）、多分フォークだと思うが、センターへ打ち返された。

なぜ、カーブがなかったのか。江夏が水沼のサインに一度もクビを振らなかったことから考えても、水沼がカーブのタイミングでは藤瀬の二盗を阻止できないと考えたからだ。しかし、たとえ藤瀬が二進してもマニエルを抑え込めば無失点で守れる可能性は十分ある。「第一打者を塁に出すな」が鉄則だが、もし出塁を許した場合は「第二打者は絶対に抑える」ことが必要だ。

ボールに手を出しやすいマニエルの傾向を考えれば、2－2から、あるいは2－3からでもボール気味のカーブで誘うべきだ。一歩譲ってストレート系で勝負するなら、この日の江夏のタマのキレから考えて、思いきって高めのボールになるストレートでもよかった。「第二打者は絶対抑える」と書いたが、歩かせて無死一、二塁なら送りバントがはさまってくるし、中途半端な攻めで無死一、三塁となるよりは守りやすい。

江夏はそういうことを考えられる頭脳の持ち主だが、気負いすぎていた。シリーズ初出場、いきなり0－2での登板がリズムを狂わせたと見るべきで、古葉監督の江夏投入から水沼のリードまで、藤瀬の足が心理的に影響を与えた。大量4点のきっかけは、堤防を崩すアリの一穴と同じように、記録に表れぬ〝足〟の威力が伏線になった。

あの西本さんがなぜ強攻策を？

1979年10月30日　広島　日本シリーズ第3戦

近鉄	200	000	000	……2
広島	010	000	20X	……3

勝 池谷　S 江夏　敗 柳田

1、2戦では手がたい作戦で広島にプレッシャーをかけた西本監督が、なぜ強引に攻めたのか。1点を追う九回、無死二塁としながら羽田に打たせて二飛。強攻策が裏目に出て敗れた。

あれは、何年前のシリーズだったか、阪急―巨人戦のことを思い出した。阪急が1点を追った八回無死一、二塁。岡田にバントの構えから打たせて遊直、一瞬に併殺されたことがあった。

ケースは微妙に違うが、走者を進め、相手にプレッシャーをかけるべき場面ということでは共通している。ここは絶対にバントで一死三塁とすべきである。一歩ゆずって、羽田に打たせるなら、西本監督は代走・藤瀬がいちかバチか二盗に成功した時点で羽田へのアドバイスが必要だった。

まず、順序だてて羽田のバッティングから説明しよう。カウント1－2からの内角高めの直球を強引に右方向へ打とうとして、バットの先が球威に負け、二飛になった。このバッティングから、羽田が内角への直球を予測していなかったと判断できる。

江夏は「一死三塁はこまる。羽田はバントか右方向へ打とうとするが、どちらにしても絶対に防ぎたい」と考えている。その結果、バントも右打ちもむずかしい内角高めへ直球を投げた。

これに対して、羽田も「右方向へ打って走者を三進させなければならない」と考えていた。しかし、江夏がどう考え、どんな狙いで投げてくるかまでは頭になかった。羽田は第2戦で江夏の内角直球を中前タイムリーしている。そこで、「外角中心の攻めでくる」と予測をたてていた。そこへ、内角直球。相手の心理状態まで推理していれば、打者有利のカウントで無理に右へ打とうとするタマではない。意表をつかれ、思わず〝おっつけ〟ようとした。

話を、西本監督のアドバイスに戻す。シーズン中もプレーオフでも、またシリーズ1、2

戦でも、西本監督は大事な場面になると必ず打者に耳打ちした。正確な指示を与えるためである。だが、羽田の場合はそれがなかった。

「右へ打て」を徹底したうえで、内角球にそなえて少し打席の後ろに立つか、「右足をうしろへ下げて内角球を打て」というようなアドバイスに、じっくり時間をかけてほしかった。羽田は考える余裕を持てるし、気持ちの整理をつけて内角球も意識できる。逆に江夏にも、いろいろと考えさせることになり、もっと違った結果になっていたかもしれない。

七回のピンチでリリーフした山口哲は、ギャレットの一発を警戒しすぎて逃げのピッチングになり、結果的にギャレットの得意な外角低めへ投げて打たれた。これは梨田の配球ミスでもあり、八回は本来の姿に戻っていた。それだけに、同点にしても四つに組んだ方がよかったと思う。

しかし、こういうことは誰でも考える。もちろん西本監督も承知していたに違いない。それでいて、なんのアドバイスもしなかったのはなぜか。いつか西本さんに聞いてみたい。いずれにしても日本シリーズのようなビックゲームでは「バント戦法」が非常に大事になる。

若い梨田のリードのミス

1979年10月31日　広島　日本シリーズ第4戦

近鉄	002	000	001	……	3
広島	000	300	20X	……	5

勝 福士　敗 井本

二十六年間、捕手をやっているが、若い梨田の姿に、改めて投手をリードする怖さを感じた。

どうやって打者の狙いを外すかが捕手の仕事のひとつとはいえ、読みが100%的中するわけではない。それだけに怖い。要求する1球1球に「なぜか」という根拠が必要である。

水谷に逆転の2ランを打たれたタマはシュート。とどめを刺された高橋慶は内角のカーブだった。梨田がともに1球目に、なぜこうしたタマを要求したのか、根拠は薄弱だった。

四回、ヒットエンドランを決められた無死一、三塁から1点差となり、なお一死二塁。俊足の山崎隆を歩かせたこと、1－1からのヒットエンドランを読めなかったこと、バッテリーは続けて2つのミスをおかしたが、水谷に対する1球目は致命傷となった。

水谷は二回、外角直球を3球見送って三振した。梨田が要求した内角シュートはそれが伏線だった。ただし、こういうピンチでホームラン打者を迎えた時、鉄則がある。「1球目は絶対に内角へストライクを投げてはならない」ということだ。梨田には「もし、狙われていれば……」の怖さがあり、ボールにして水谷の反応を見た上で外角勝負と考えていただろう。しかし、井本は「ボールにしよう」とは考えていない。

捕手の出すサインに根拠が必要と書いたが、投手は出されたサインに対し「どこへ何を目的に投げるか」明確な意識を持つべきだ。ここは絶対にストライクを投げてはいけないと考えボールに意思を伝えるべきだった。ただ、梨田にも責任はある。自分の考えを指で送れなければ、念を入れて言葉で伝える配慮がほしい。それにしてもいくら前の打席の伏線があったとはいえ、これが根拠にはならない。水谷のスイングは完全に内角にヤマを張っており、結果的には梨田の読み違いである。

高橋慶の場合も同じことがいえる。第1打席で内角スライダーを右前打されたあと、内角直球で三振。3打席目は外角シュートで遊ゴロと抑えた。問題の4打席目は相手の逆をついたつもりで初回にヒットされた内角スライダーを投げている。しかしデータを見るとこれは危険なカケだ。高橋慶はそれまでの7安打、内角の直球は一本もヒットしていない。直球は甘いコースを2本、あとの5本は内、外角の変化球。これを考えると初球から変化球をストライクゾーンに投げるのは禁物だ。まして、2球目までにストライクを投げる山口哲の傾向は読まれており、水谷の場合と同じ失敗である。

西本監督は「ボールで誘え」と指示したそうだが、それならよけい高橋慶がニガ手とする内角直球を投げるべきだった。打たれたカーブはけっして甘いコースではないが、高橋慶の特徴を配慮したものではない。

ただ、西本監督がなぜ、ハッキリ敬遠策を指示しなかったのかという疑問は残る。第3戦の九回の攻めにつづく中途半端な采配だ。その点では、先発で前日4イニングを投げた村田の連投も疑問。シリーズの精神的疲労を考えると、下位打線だからというのは安易だ。捕手も、三番手・山口を考慮して梨田をはずせないのだし、ライトルへのワンポイントで山口にスイッチすべきではなかったか。

西本監督の采配、用兵はプレーオフ、1、2戦のキメの細かさに比べると、信じられないくらい雑に見えて仕方ない。追いかける試合はどうもニガ手なようだ。

山根、甘いタマは7球だけ

1979年11月1日　広島　日本シリーズ第5戦

近鉄	000	000	000	……0
広島	000	001	00X	……1

勝 山根　敗 鈴木啓

久々に見応えのある投手戦。わずか1点で投げ負けた鈴木も、本当に慎重なピッチングだった。責められるとすれば六回の先頭打者、山根に無造作な投球で中前打を許したことだろう。二死から勝負した三村を追い込みながら、フォークが高めにはいって打たれたが、マニエルでなければ右飛だった。

それ以上に、若い山根の投球が冴えた。近鉄打線が低調というより、山根がよく投げたという表現が適当である。あれだけのピッチングをされると、どのチームでもちょっと打てない。

山根のピッチングはフォークとシュート主体。0－2とか1－3とかの投手不利のカウントは、一回のアーノルドに0－3から2－3にして二ゴロにとった一度だけ。101球の投球のうちネット裏で見ていて「危ない」と思った甘いタマは7球しかなかった。これも、ホームランボールというより、ヒットゾーンに入ったという意味で、その安定ぶりがわかる。それでいて三振はわずか3個。内、外野への飛球が7個だけで、あとはゴロ、いかに低めのゴロゾーンへ投球を集めていたかの証明である。

もう少しくわしく分析すると101球のうちストレートは24球。マニエルに0－1から敬遠した3球と、初球は打たない小川への4球は計算外だから、わずか17球。フォークは16、シュートが37、あとはスライダー、カーブである。

第2戦でも好投した山根だが、コンビネーションを変えていた。大阪球場では、追い込んでおいてはフォーク、逆にこの日は早いカウントからフォークを使った。その典型が二回。先頭の有田死球のあと、羽田は0－1からフォークを打って（ヒット・エンド・ラン）遊ゴロ。捕逸で一死三塁となった近鉄の先制機も、平野が0－1からフォークを打たされて投ゴロ。

近鉄打線は、第2戦の対戦をもとに、山根がフォークを投げる前に打って出ようとしていた。パ・リーグではロッテ・村田と対戦する時に、そういう傾向がある。米田（阪急―阪神―近鉄）の晩年もフォークの威力をチラつかせながら裏をかいて直球で勝負するなど、打者をほんろうしたものだ。

そういう経験も含め、第一ストライクからどんどん打って出た近鉄の傾向を、水沼がうまく利用して山根の力を十二分に引っぱり出した。その代表的な例が、二回一死三塁で投ゴロを打たされた平野。フォークが来る前に打とうという意識は、結局あせりとなって、かえってむずかしいコースのタマを打ってしまうものなのだ。

そういう意味で、この日の山根の多彩なピッチングを右打者が攻略しようというのは至難のワザ。ねらいダマを絞る指示は出しにくい。ただ、左打者には外角のシュートが主体というはっきりした傾向があり、山根攻略は左打者しだいだった。しかし、栗橋のように第一打席の1－0から投げられた内角直球（ストライク）をその後も終始待ち続け、結局は一球も来なかったというように、まったく手も足も出なかった。

この試合、ローテーションからいけば北別府の先発だったが、古葉監督は大阪球場での投球内容から、鈴木に対抗できるのは山根と考え、あえて中2日で起用した。山根は若さに似合わぬほれぼれする制球力で古葉監督の期待に見事応えた。

守備陣形を見て流し打ちを狙ったマニエル

1979年11月3日　大阪　日本シリーズ第6戦

広島	100	000	001……2
近鉄	013	101	00X……6

勝 井本　敗 池谷

池谷は、シーズン中から立ち上がりが悪く、尻上がりに調子をあげるタイプだと聞く。それだけに同点の三回無死一塁での降板は予想外に早かったが、石渡に三遊間安打された内容は確かに悪かった。打たれたのは1－2からの内角より高めの直球。本来の池谷なら、フライにならなければならないはずだ。それをゴロにされたのは球威不足、古葉監督は〝池谷不調〟と判断し、思い切って大野に代えたのだろう。

結果的に、この継投策は失敗した。マニエルの適時打、梨田の2ランで一挙3点。最近の野球では前半の3点は問題にならないが、このシリーズに限り両軍ともコンディション、精神力から見て前半でも後半でも3点をはね返す力はない。その意味で、梨田の2ランが勝負を分けたが、その伏線はマニエルの好打である。

一死二塁で打席に入ったマニエルは三遊間突破タイムリー。見ようによっては、遊撃・高橋慶がもう少し三遊間寄りに守っていればとれた打球ということになるが、これは結果論で、マニエルの狙い打ちだった。

マニエルは最初から流し打ちを狙っていた。1球目、内角シュートを三塁側へファウル、2球目の外角低めのボールを見送った構えも明らかに左狙い。マニエルは外国人では珍しく引っ張り専門ではない。とくに左投手のシュートを打つのはヘタで、流し打ちをしたがる。おまけに、高橋慶が二塁ベース寄りに守って三遊間があいていた。外国人選手は基本に忠実で、これは来日する大リーグのオールスターを見てもらえばわかるが、打席に入るときには必ず相手の守備陣形を見て状況に応じたバッティングを心掛ける習性をもっている。マニエルもそれを確認して三遊間を狙いたい気持ちになった。

これは、水沼もはっきりわかっていたはずだが、3球目に外角へ直球を要求してマニエルの狙いにはまった。なぜ、大野の一番得意なシュートを内角へ投げなかったのか。1球目にシュートを見せており、狙われていては……の心配と甘くなって長打の怖さがあったと思う。ただし、マニエルは打席に入ると、引っ張るか流すか、きめてかかるタイプ。これはヤクルト時代から水沼もよく知っていたと思うが、大試合だけに無難な方を選んだのだろう。結果的に、この1球が大野のリズムを狂わせ、梨田にシュートを2球つづけてストライクをとりにいって狙われてしまった。

井本も予想以上に好投し、近鉄が五分に盛り返した。第7戦は鈴木―山根の先発だろうが、焦点は山根に対し15イニングで3安打の近鉄が、どう攻めるかである。山根は速球派にみえて変化球主体。過去2試合の傾向からすると、直球が2球つづくことはほとんどなく、変化球（とくにシュート、フォーク）狙いである。加えてフォークはストライクになる確率はきわめて低く、これをどうやって選ぶか、シュートをどう打つかが打線のポイントになる。連打もむずかしいので、西本監督はバントを多用して1点ずつ積みかさねる作戦をとるだろう。

芸術品、江夏の配球

1979年11月4日 大阪 日本シリーズ第7戦

広島	101	002	000……4	
近鉄	000	021	000……3	

勝 山根 S 江夏 敗 柳田

胃がきしむような試合は一年に何度かある。九回裏の攻防はネット裏で見ていても、まさにそれだった。1点を追う近鉄が無死満塁、一打出れば逆転サヨナラ、どちらが有利というような〝ナマやさしい〟場面ではない。

さすがに江夏は、よく耐えた。イチかバチかの状況の中で、自分の頭脳と持っている技術を全て出しつくして、それで負ければしかたがない。そんな、いい意味での開き直りで、江夏らしい、絶妙のピッチングだった。

佐々木に対し、1球1球に細かい神経を配って三振に仕止めた。初球、内角へカーブでボール。直球にマトをしぼっていた佐々木はタイミングが合わず、直球ねらいを見破られたと考えて、こんどはカーブねらいに切り替えた。そこへ、2球目は外角へシュートのストライク。佐々木ならバットのシンでとらえられるボールだったが、ねらいがはずれて見送った。この明暗が局面を大きく左右した。3、4球目はフォーク、カーブでファウル。そして5球目は内角低めへ直球でボール。この5球目も非常に味のある配球で、勝負への大きな伏線となった。

6球目はその直球と同じ球道からヒザもとへ落とすカーブ。一つ間違うとワンバウンドになりパスボールの危険も高い。南海時代にも何度かワンバウンドになったことがあり、走者が三塁にいるときに投げるには、非常に勇気がいる。その半面、右打者には打ちにくく、よほど技術がなければカラ振りかファウルである。そのカーブが5球目と同じ球道から入ってきただけに、佐々木としてもつい振ってしまった。

広島は無死一、三塁から前進守備をとり、負け越しとなる一塁走者に簡単に二塁を許した。二、遊間はもっと一塁走者に神経を払う布陣が必要だったが、それを怠ってピンチを大きくした。それだけに、江夏の芸術的なピッチングがよけい光ったのだ。

一死満塁とかわり、石渡が1-0からスクイズ・バントをカラ振りして二死二、三塁。ここでも江夏は、石渡のスクイズの構えが早すぎたことからスクイズを察知、カーブを高めに投げて防いだ。このあたりの冴えは東尾（西武）もよく見せるが、好投手には打者の構えは勿論、走者のスタートも大きく影響してくる。西本監督としては、佐々木に対する江夏の投球内容でイチかバチかのスクイズ作戦を取ったと思う。それにしても、石渡はなんとかバットに当ててほしかった。硬くなっていたとはいえ、カラ振りするようなむずかしいボールではなかった。

また、勝てなかった西本さん。来年もう一度、頑張ってほしいと思うが、コミッショナーにも注文がある。ＤＨ制のパ・リーグがそれをシリーズで使えないことだ。西本さんの采配にもとまどいが見られ、リズムに乗れなかった。打線のつながりがシーズン中と変わって、近鉄が本来の力を出しきれなかった面もあった。せめて、パ・リーグの本拠地からスタートする一年おきにＤＨ制を採用するように考えてほしい。それを改めて痛感させられたシリーズだった。

1985年 阪神、理想的な点の取り方

1985年10月26日　西武　日本シリーズ第1戦

阪神	000	000	030	……3
西武	000	000	000	……0

勝 池田　敗 松沼博

これほど理想的な点の取り方はなかった。脇役と主役がピタリとかみ合っていた。結局はバースの3ランで決まった試合だが、それを引き出した脇役、真弓と弘田のバッティングをまず取り上げたい。

真弓は第1打席こそ、引っ張って二塁打をものにしたが、続く2、3打席は失敗した。そこで八回の第4打席は右ねらいに切り替えた。西武バッテリーが、「八回、0－0」の状況で長打を警戒、外角攻めにくることは計算済みである。実際、西武バッテリーは3球続けて外角球、これを右へ二塁打した。

弘田は定石通りバントねらいできた。ところが、スティーブが極端なバントシフトを敷いてきた上、石毛、辻が二塁走者の真弓を三塁で封殺しようと徹底した二塁ベースへの引き付け作戦をとってきたため、阪神ベンチは強攻策に切り替えた。この作戦変更に弘田は見事に応えた。持ち味を生かしたと言い換えてもいい。弘田の特徴はバントも進塁打も打てるということである。

こうしてお膳立ては出来た。さてバースだ。結論から言うと、西武バッテリー（ここから松沼兄にかわって左の工藤―伊東）のバース攻略法は間違っていない。単にバースが上回っていただけに過ぎない。どう上回っていたかというと——。

バースは工藤の勝負ダマがカーブであることを承知の上で、カーブに的をしぼっていた。ところが、初球外角の直球、2球目ものけぞるような内角の直球を投げられ、あっさり直球ねらいに切り替えた。それが証拠に、3球目のカーブに完全に体勢を崩していたし、4球目の速球が顔の高さのボールであるにもかかわらず、待ってましたとばかりに手を出してしまった。

問題は2－2となったここからである。西武バッテリーとしては、この追い込んだカウントで勝負する手は2つあった。①4球目の高めのボールに手を出したから同じような直球のボールダマ②得意のカーブ。この2つだ。ただ①はもし、見逃された場合、2－3となり、無死満塁で掛布を迎える最悪のケースを招く恐れがある。そこで②を選択した。仕方がないと思う。

しかし、バースの特徴は追い込まれるまではフルスイング、追い込まれたらミートを心がける、というものだ。確かに3球目のカーブは直球ねらいということもあって体勢が崩れていたが、ここは状況が違う。バースはバットを短く持って、ミート打法に切り替えた。つまりバースの方が一枚上だったのである。

西武バッテリーは責められない。むしろ責められるのは弘田の所で阪神ベンチに強攻策を選択させた西武ベンチである。クリーン・アップにつながるこの状況下では、1点は覚悟して、素直にバントをやらせるべきだった。石毛の真弓への牽制は仕方のないものとしても、辻までこのプレーに参加させる必要はない。1点覚悟、バントさせるつもりなら辻は一塁のベースカバーに入るべく一塁方向にスタートを切ってるはずで、弘田の当たりは悠々と捕れた。策を弄《ろう》するものは策に泣く典型である。

七回の得点機、広岡作戦に疑問符

1985年10月27日　西武　日本シリーズ第2戦

阪神	000	200	000	……2
西武	001	000	000	……1

勝 ゲイル　S 中西　敗 高橋直

西武打線の不甲斐なさが目につく。二塁以上に走者を置いた得点機は7度あった。第1戦と合わせると11度、その全てでタイムリーが出ていない。考えられる原因は硬さとあせり。こういうものがあると、強引さだけが頭をもたげ、結果、むずかしいタマに手を出してしまうことになる。ボールを絞り切れないのである。

打者がボールを絞りやすいのは次の3つの場合だ。①初球②打者有利なカウント③配球のかたより。ところが、この日のゲイルは苦しい時に、低めに変化球を決め、抜群のコントロールでカウントを取りにきた。遅いカーブ、速いカーブ、そしてパーム・ボールとスピードの変化をつけ、タイミングを合わさせなかった。

これがうまくいかない時は、四球で巧みに逃げをうっていた。長打力のない西武は、この四球も有難いのだが、これにつけ込むことが出来ない。タイムリーが出ない上に、四球にもつけ込めないのだから打者はますますイライラするハメとなっていた。

0－2の打者有利なカウントでボールを絞り、真ん中へ来たケースが只一度だけあった。三回の石毛のホームランがそれである。同じ三回の一死満塁で片平晋もしぼった。初球にねらいを定め、まっすぐをねらい打った。二回の第1打席でカーブを左前打しているだけに、次はまっすぐをねらったのだと思うが、ねらうなら内か外か、そこまで徹底してねらうべきである。"速球だけ"をねらうから、ゲイルの思うツボにはまり、低めに落とされ二ゴロ併殺打をくってしまった。

こういう不甲斐ない攻撃を繰り返していると、監督の采配まで狂わせてしまうものである。七回一死一、三塁での辻のセーフティー・スクイズがその典型。この場合もカウントは0－2と打者が一番しぼりやすいところだった。広岡監督とすれば①スクイズ②セーフティ・スクイズ③外飛④ヒット⑤ヒット・エンド・ラン――という5つの同点とする作戦を考え②のセーフティー・スクイズを選択したのだろうが、阪神の守備陣形（一、三塁は前進守備。二塁と遊撃は中間守備）を考えればこれは疑問符がつく。ここはまず第一に外野フライを打てる代打を送るか、それとも、0－2というしぼり切れるカウントだけにエンド・ランをかける方が同点になる確率は高かった。広岡監督は一番確率の低いセーフティー・バントを選択、せっかくの同点機をのがし、連敗を喫してしまった。

これ全て、ボールをしぼり切れず、むずかしいボールに手を出している打線が原因である。

石毛の本塁打を生んだ「外角一辺倒」

1985年10月29日　甲子園　日本シリーズ第3戦
西武　040　100　010……6
阪神　003　000　001……4
勝 東尾　敗 中田良

シリーズの1、2戦というのは、さぐりを入れ、データの確認作業をしながらじっくりと相手を観察するのが本筋である。知らないもの同士が、データだけを頼りに対戦するのだから当然ではある。

では、第3戦はどうかというと、同じ攻めが出来ないのが第3戦で、また、いろんな面で変化したくなるのが第3戦なのである。本当のシリーズは第3戦から始まる――といわれるのもこのためだ。

まず変わったのは阪神バッテリーである。シリーズを通じ、初めて岡村にタイムリー（二回、三塁打）を打たれたが、これは内角の直球。1、2戦では5度にわたって外の変化球でしとめていたのに、むざむざと岡村の好きな球種を、好きなコースへストライクを取りにいって打たれてしまった。

その次の辻にもそうだ。変化球で楽々と料理していたのに、2－3のカウントから四球と次打者の石毛を恐れ、直球勝負。これまたタイムリーを許している。

とどのつまりが石毛のホームランだ。内角で誘い、最後は外の変化球というのが、石毛の攻略パターンだったが、この日は外角一辺倒。5球も続けて外へ投げられると、バッターというのは気配を感じるものである。これは理屈ではない。勝負カンというものだ。この石毛の一発は、劣勢ムードを打ち破る貴重なホームランだった。

いくら、同じ攻めが出来ない、変化したくなる第3戦とはいえ、相手が変わっていないのに、成功している攻め口を変える必要はさらさらない。阪神バッテリーは墓穴を掘ったのである。

西武でも変化はあった。広岡監督のさい配である。走者が出ての手堅いバント攻略（二、八回）、バースに対する永射《ながい》の投入（五回）、アウトになってもいい状況での二盗（五回）……。変わったというより、定石に戻ったと表現した方がいいかもしれないが、ともかく不可解なさい配が続いていただけに、これは大きく目についた。

日本シリーズの難しさの一例である。7試合同じ相手と戦うので変わるタイミングが難しいことになる。

ターニング・ポイントの第3戦で、ようやく一つ西武がものにしたが、安心は出来ない。岡村、辻が打つには打ったが、これは阪神バッテリーの攻め間違いで打ったもの。田尾、スティーブといった打つべき人が打たないことにはまだまだ苦しい。それに、一番変化しなければいけないバース攻略法が出来ていないのは気がかりである。バース対策をどう講じるか、大きな課題はまだ残っている。

もっとも西武としても、あれほど恐れていた〝猛打・阪神〟への恐怖感は消えたと思う。マークするのは、掛布とバースだけ……。これは大きな収穫である。

相手の特徴が段々わかり、それに対する対応の仕方も徐々にわかりかけてきた。4戦以後が接戦でおもしろくなりそうだ。

伊藤、福間が防げた本塁打

1985年10月30日　甲子園　日本シリーズ第4戦

西武	000	002	002	……4
阪神	000	001	010	……2

[勝]永射　[S]東尾　[敗]福間

ホームランには許されるものと、そうでないものがある。中盤までに打たれるホームランは、まず許される。勝負には大胆さが要求されるだけに、思い切って勝負に出た結果のホームランは、これは仕方がない。それにバン回するチャンスも残されているのである。

しかし、阪神が許したこの日のスティーブ、西岡のホームランは絶対に許されない。まずスティーブだ。0―0のスコア、味方打線もなかなか点が取れない、という状況では先取点はどんなことがあっても許してはいけない展開となっている。ホームランはおろか、ヒットさえも許されない。

そういう状況下での二死二塁だった。この日のスティーブは伊藤にタイミングが合っていた。きわどいボールもよく選んでいた。おまけに次打者の大田はさっぱりときていた。それなら、勝負を避けて歩かすべきという判断は出来たはずである。

この時、土井コーチがマウンドの伊藤のところへ行っている。この場合の仕事は①勝負するかどうかベンチの意思を伝える②くさいところをついて、カウントが悪くなれば歩かせろという指示をする③配球の指示の確認――この3つである。土井コーチは、外角一辺倒で攻めろと言ったという。③だ（②はできるだけ避けた方がよい）。

ところが、よく考えてもらいたい。伊藤のコントロールの能力からいって、外角一辺倒という指示に応えてくれる技術を持っているかどうかだ。答えは「ノー」である。結果は外角をねらい、それがコントロール・ミスで、真ん中に入ったスライダーを打たれてしまった。

ここでは①の判断をすべきであった。

選手の能力に合わないベンチの指示ミスは西岡のホームランのところでも出ていた。吉田監督はマウンドの福間に、勝負しろ、と言ったという。福間はその前の八回、無死満塁という大ピンチに登板。ものの見事に無失点に抑える素晴らしいピッチングを披露している。調子に乗るなと言う方が無理なほど乗っていた。そこへ、勝負の指示。つまり①の選択である。これではよけい乗ってしまう。ここでは②、③の指示だ。福間ならこれは可能。調子に乗り過ぎた福間は自信のあるカーブをこれでもかと投げ込み、決勝の2ランをくらった。

大胆さは必要だが、ここは慎重さが最も要求されるところ。大事な場面では、繊細、かつ大胆さを、と言われるゆえんである。吉田監督が慎重さを忘れていなかったら福間への指示ミス以前、広橋が代打に出たところで中西を投入していただろう。吉田監督までも福間同様、調子に乗り過ぎていた。そのため、技術ばかりを選手に要求、本当の目的を見失っていた。技術というものは、いくら高度であっても、しょせん目的の下である。

小野VSバース、掛布は格違い

1985年10月31日　甲子園　日本シリーズ第5戦

西武	011	000	000	……2
阪神	400	020	10X	……7

勝 福間　敗 小野

若い小野がバース、掛布にどう対処するか。これが、西武の守りの勝負どころだった。一回、いきなり小野はこの大きな問題にぶつかった。小野VSバース、掛布。誰が見ても間違いなく格違いである。甘いコースは絶対許されない。

まずバースは歩かせた。コースねらいを重視したピッチングだったが決まらず四球。一塁が空いていたから仕方がないと言えば仕方がないが、ミスを一つ犯していた。5球全てがストレートだったことだ。このストレートで、強打者を料理しようと考えたことが、実に大きな誤りで、続く掛布で決定的なミスを犯してしまった。

なんと掛布にも4球全てストレートを投げた。つまりバース、掛布という格違いの強打者に9球全てストレートを投げ込んだのである。確かに2人には打たれる確率は非常に高い。しかし打たれ方というものがある。大事なのは、たとえ打たれても、いかにバッターをフルスイングさせないか、だ。

小野は変化球として、カーブとフォークボールを持っている。掛布にフルスイングをさせないためには、早めにそのフォークボールを投げておけばいいのだ。1―1のカウントになったとき、フォークを一つ見せておけば、たとえボールになっても、ファウルになっても、また空振りさせても絶大な効果を生んでいたはず。掛布にしてみれば、フォークもあるのかと、思い切ってフルスイング出来なくなるのである。そうしておけば、3ランという最悪のケースは防げたかもしれない。

一方の阪神の守りの勝負どころは四回だった。西武にしてみれば2点差の一死満塁、攻撃の勝負どころである。ここで福間は前日、手痛い2ランを喫した西岡を楽々と遊ゴロ併殺に切ってしまった。西岡は前日、カーブをホームランにしているだけに外のシュートにねらいをしぼっていた。その注文通りにシュートを投げ、低めに落としてひっかけさせた。しょせん、福間と若い西岡ではテクニックにおいては格が違うのである。前日はベンチの指示の間違いでホームランという形を生ませてしまったが、福間にまかせておけばあんな結果は出なかったのである。

この第5戦をシリーズの勝負どころと見ている阪神と、そうではない西武との、当然の結果が出た試合だった。

明暗分けた〝主役〟の有無

1985年11月2日　西武　日本シリーズ第6戦
阪神　4 1 0　0 1 0　1 0 2……9
西武　1 0 0　1 0 0　0 0 1……3
勝 ゲイル　敗 高橋直

西武のリーグ優勝は主役のいないリーグ優勝だった。強いていえば広岡監督が主役だった。一方の阪神はバース、掛布、岡田を中心とした強力打線が主役でリーグ優勝を果たした。この主役の有無がシリーズを決定したといっていい。

なかでもバース。この第一の主役が完全にシリーズを振り回した。1、2戦でデータを元にさぐりにいった西武は、2本のホームランをまのあたりにして、あっけなく恐怖感を持った。たったこれだけのことだが、西武は自分のペースを作れなくなってしまった。3戦以後は警戒しすぎ、歩かさざるをえなくなって、第二の主役ともいうべき掛布に痛打を浴びた。

この日はこの日で、1点を惜しんで主役を敬遠。結局、伏兵・長崎に満塁アーチを打たれている。

タイムリー打の少なかったシリーズだが、得点圏に走者を置いたケースがバースには6回もある。そのうちホームランが2本、ヒットが1本、四球が2個。凡退はたった1回だった。バースがシリーズMVPに選ばれたのは当然である。

こういうことを見ても吉田監督には実にやさしいシリーズだったといえる。4戦すべて主役がその役割を果たす阪神本来の勝ちパターンで、むずかしい投手の継投策もなければ、作戦もなかった。

それにくらべ広岡監督にはむずかしいシリーズであったろう。主役がいないから、修正をするにもそれも出来ず、主役にならなくてはいけない広岡監督自身、その采配の手腕を発揮する場面さえもなかった。唯一のケースは第2戦の七回、同点のチャンスにセーフティー・バントを選択した場面だろう。あの判断の間違いが、ちょっぴりポイントになっているが、勝ち取った2つの白星は計算通りの勝ち方だった。

それに西武には不運も重なった。得点圏に走者を進めた絶好機が、ほとんど下位打線に回ったことだ。岡村が9回、辻に7回、秋山には4回。これに対して阪神は、木戸に1回、吉竹に2回だけと、めぐり合わせに恵まれた。それだけチャンスが主役に回り、そのチャンスを主役がものにした。

主役のいない西武は、主役がいないだけにドラマにならなかったのである。

1987年 老練東尾でさえ、重圧でリキんだ

1987年10月25日　西武　日本シリーズ第1戦

巨人	004	002	010	……7
西武	201	000	000	……3

勝 加藤初　敗 東尾

シリーズ第1戦の持つ意味から考えてみよう。

知らない者同士が顔を合わせる初戦。収集、分析した情報を下地に、相手の攻略法を想定してスタートする。情報どおりか？　あるいは新たなファクターが発見できるか？

巨人の東尾攻略は、情報どおりの結果だった。逆を言えば、東尾―伊東のバッテリーが「投手主体」の配球だったところに、6失点KOの原因が求められる。それが如実に表れたのが三回表、巨人の攻撃だ。

状態で言えば、この日の東尾はよすぎた。ふだん以上にボールが走っていた。しかし、そ

れは〝彼にしては……〟なのだ。つまり、巨人の打者陣からみれば打ちごろのボールでしかない。これほどのベテラン投手にしても、リキみ、責任感の重圧に見舞われていた、ということだ。

そこへ、配球の単調さが重なった。外角主体で、内角には2球と続かない。これは巨人側の情報どおりの組み立てだった。いつもの「気楽な」東尾なら、それでも十分に打ち取れる、ボールひとつ分だけバットの芯をはずせるのだが……。リキみが彼のボールから柔軟性を奪っていた。

三回表を振り返ってみれば、駒田の内角を突いたのは2、6球目のボール2つだけ。原に対しては2球目（ファウル）、吉村には1－1後のストライク、篠塚にも初球だけ……でしかない。そして巨人打線の狙いどおり、外角の変化球を流し打たれてしまった。

配球の単調さは、その直後、中畑の左翼本塁打にも表れている。外、外……と続けてカウントは1－2。そろそろ内角に……と待ち構えているところへ、注文どおりのシュートだ。確かにボールも甘かったが、それ以前に組み立ての甘さを指摘したい。

と、東尾に厳しいことを書き連ねたが、そう深刻になる必要はない。もともと私は第2戦以降がシリーズ本番だと考えている。ポイントは第2、3、5、そして7戦なのだ。

情報を確認する、新たな要素を探り出す、という意味では西武にはるかな量の収穫があった。

このシリーズで中心になる巨人投手陣をすべて見せてもらい、4安打の代償に駒田の打撃に粗さを発見した。そして打線は全般に、状況にはお構いなしで初球から打ってくる……等々だ。

これに対して巨人側の収穫は、やはり、西武打線は打てない、程度だろうか。

情報分析には格段の冴えを持つ西武・森監督が、そこでどう修正を加えてくるか？　第2戦以降の興味はそこに絞られる。

失投が出る3つの原因

1987年10月26日　西武　日本シリーズ第2戦
巨人　000　000　000……0
西武　001　002　30X……6
勝　工藤　敗　西本

勝負は、3本の長打で、決まった。石毛、秋山の本塁打、そして伊東のタイムリー二塁打だ。

すべて、甘い直球。しかも長打を警戒しなければならない場面で、打たれたものだ。なぜだろう？　西武・工藤の投球ぶりから、この試合は2点前後の勝負だと巨人バッテリーも承知していたはずだ。なのに、コントロールを身上とする西本が……の疑問に直面する。

その原因を解明してみよう。点をやれない、という大きなテーマを抱えた西本が、なぜ、失投を重ねたか……だ。

ピッチャーに失投が出る原因は、3つある。

①捕手の思考と投手の思考にズレが生じた場合

②直球のコントロールの信用性

③ふだんの取り組み方

そこで石毛、秋山の本塁打を振り返ってみる。石毛のケースは、両軍無得点で迎えた三回裏の先頭打者。初球は外角低めでストライクをとって、それから内角シュートの意図が読みとれた。組み立て自体は悪くない。しかし、その初球が、真ん中寄りの甘いタマになってしまった。

秋山の一発も、六回裏の先頭打者。そして、これも初球だった。前の打席、三回裏一死は内角シュートに手を出して、三ゴロに倒れていることに伏線があった。当然、秋山は〝そこ〟を待っている。そして山倉の思いは、ウラをかいて外角……にあった。ところが初球、直球はシュート回転して内角へ。完全な失投である。

いずれも、表面的な原因は②に求められる。この点は山倉が十分に感じていたはずだ。しかし秋山のあと、白幡《しらはた》、安部に対して、西本は本来の制球力を発揮した。そこに、山倉の錯覚が生まれた。再び、西本のコントロールを信用してしまったのだ。1－1から、また甘い速球が真ん中へ……。

投手には三段階の成長過程がある。「気迫、気力で投げている時期」↓「1球の怖さ、を知って投げる時期」↓「理をもって攻める完成期」だ。

改めて述べるまでもなく、すでに西本は最終段階の域に達している投手なのだ。それが、この日は初歩的な第一段階の投手に戻っていた。

もうひとつ加えれば、西本は西武の下位打者に対して、ほぼ完ぺきなコントロールだった。ところが、上位の長距離打者に対しては、立ち上がりから微妙な狂いが生じていた。投球とは「気をつけなくては……」と思えば思うほど、〝そこ〟へ行ってしまうものなのだ。

山倉の意識は、その点にまでおよんでいただろうか？　3本の長打には、①の原因も潜んでいる。

工夫を凝らした江川、痛恨の2球

1987年10月28日　後楽園　日本シリーズ第3戦

西武	000	000	101	000……2
巨人	000	000	000	100……1

勝 郭　敗 江川

公式戦で巨人の継投、継投……を見なれているせいだろう。西武ベンチのガマン強さには、少々、驚かされた。

小差の終盤、森監督が、どんな継投の妙を見せてくれるか？と楽しみにしていたのだが……。とうとう、郭を完投させてしまった。そのガマンの根拠は何だろう？　という疑問に直面した。

抑え投手（渡辺久）に、もうひとつ信頼が置けないこと。全ナインが接戦に慣れていることなど、それらしい原因は認められる。しかし最大の根拠は、森監督の「決断に迷った時は、覚悟する」姿勢ではなかっただろうか。

その姿勢が、西武の各選手にまで浸透している、とみた。考え方が、取り組み方に移行し、そして習慣づけられた典型と、私は感じている。

さて、この日の江川、郭だ。序盤戦の段階で、両監督とも「これなら打てる。点をとれる」と思ったに違いない。ところが、終わってみれば、2－1の投手戦だ。もちろんこれには理由がある。

江川は、ガラリと投球パターンを変えていた。精いっぱい、工夫を凝《こ》らしていた。なかでも、神経を使っていたのが石毛、秋山、清原、そしてブコビッチだ。この4人に対して計40球（石毛の敬遠四球を除く）中、江川が軸にしているタマ、外角速球は、たった3球しか投げていない。

自分に球威がない。そして西武打線は登り調子にある。この状況を十分に踏まえた、苦心の投球内容だった。その意味で、江川のピッチングは称賛に値する。

ところが、その「たった3球」のうち、2球が痛恨の2被本塁打になるのだから、野球は怖い。最初は四回表二死、ブコビッチに浴びた右中間本塁打。

秋山、清原を仕留めて、ホッとした直後の、外国人への初球――だ。やや低め、外角寄りの速球に狙いを定めていたブコビッチの、ツボにはまった。

六回先頭の石毛には、カーブを続けて1－1後の3球目、そろそろ……と待ち構えていた直球が、いくぶん低めに、甘く入ってきた。いずれも、本塁打さえ気をつければ十分……の場面だけに、惜しまれてならない。

逆に郭は、冷や汗もののタマが、いくつもあった。七回先頭、クロマティへの3球目（右前安打）、続く原への2球目（左飛）、いずれも本塁打されても不思議のない、ド真ん中の直球だった。九回裏の一死一塁、吉村への4球目（一直併殺）も、打者の「ツボ」にはまるタマだった。

不運、確かに、巨人打線は不運だった。4つの併殺は、すべて、いい当たりが、西武守備陣に好捕されたものだ。

しかし「不運」だけで済ませていいのだろうか？　微妙な打ち損じ。それは心理的に微妙な不安感に起因していると、私は思う。

槙原の奪三振を分析する

1987年10月29日　後楽園　日本シリーズ第4戦

西武	000	000	000……0	
巨人	200	002	00X……4	

勝 槙原　敗 松沼博

西武打線にとって、槙原は実に嫌な投手である。投球フォームは、決してきれいでなく、おまけに制球力がない、というイメージがある。こんなピッチャーと対戦するときは、多少なりとも恐怖感があるものだ。

それに、速球派のイメージでありながら、実に多彩な変化球を持っている。大小2つのカーブに、スライダー、フォーク……。現実に、この試合で投げた124球中、56％に相当する70球までが変化球だった。さらにシュートを加えると、大変な数になる。

最後まで西武打線は、的を絞り切れなかった。これには、槙原のコントロールが悪い、という偶然性も大きな要因となっている。

秋山が死球で出塁した四回表、清原も右前安打で西武は一死一、二塁（牽制悪送球で一、三塁）の好機をつかんだ。

ここで、ブコビッチが空振り三振を喫した6球に、この日の槇原が象徴されている。

1球目　直球が高めに、はっきりしたボール。いくら直球好きの外国人選手でも、もう1球、続くだろうか……と疑問を感じる。

そして2球目　外寄りのフォークが、ストライク。ふつう、この変化球はボールになるものだが。これで打者は、追い込まれては不利――の心理になる。

3球目　この試合で最高の直球だった。球威、球速とも文句なし。待ってました……はずのバットが空を切った。「速い」とブコビッチは感心したに違いない。

4球目　直球を続けた。しかし、高めへ完全なボール。意識的に外したタマではなかった。2－2。フルカウントにはしたくない。

5球目　フォークをファウル。これは4球目の直球ボールが、伏線になっている。次は変化球も……の意識が、少し打者にあった。しかもストライクで、なんとかついていけたのだ。しかし、次は……となると、見当がつかない。

そこで6球目　外角に、ボールになるフォーク。こんどはバットが空を切った。三振——。

「読み」と「心理」とが交錯して、槙原を乗せてしまった場面だった。

それにしても、現状では、最も計算できる槙原が、第4戦登板とは……。西武・工藤に匹敵する投手の、遅すぎる出番を、私は不思議に思っている。

教訓生かした東尾のピッチング

1987年10月30日　後楽園　日本シリーズ第5戦

西武	300	000	000……3	
巨人	000	100	000……1	

勝 東尾　S 工藤　敗 桑田

この第5戦の持っていた意味から、考えてみよう。

両軍に共通していたこと。それは、この試合次第で王手をかける、かけられるという結果が出ることだ。そして、それにつれてチームは盛り上がるか、もしくは追い詰められてしまう。

西武と巨人。どちらも重要な試合だったが、負けたら苦しくなる……の視点からは、巨人が上位だった。第6戦・工藤という難関が待ち構えているからだ。逆をいえば、西武には微妙な余裕があった。

そんな状況下で、再び桑田—東尾が顔を合わせた。シリーズ第1戦は桑田が2回⅔で、東尾が5回⅔で、ともにKOされている。

桑田の先発は、最初からのローテーションどおりだった。公式戦の成績を重視した起用で、結果は、この試合も失敗と出た。これは彼ばかりの責任でなく、こんな起用方針で臨んだ、ベンチの反省もうながしたい。桑田はまだ十九歳の少年なのだ。

そこで、東尾だ。間違っても、同じ失敗を繰り返す投手ではない。その予想どおり、第1戦で得た教訓をフルに生かして、味のあるピッチングを披露してくれた。もちろん、この背景には西武が3点リードを奪ったことがある。

巨人・王監督は常々「ウチは先行逃げ切り型のチーム」と公言しているが、これは問題あり、だ。つまり、選手たちが、そう思い込んでしまう。裏を返せば、ビハインドの展開に、ニガ手意識がしみついてくる。

東尾は、微妙に変化していた。第1戦での降板直前、森監督に「もう少し、試したいことがある」と、続投を願い出たと聞く。なるほど。その答えが投球に反映されていた。

第1戦、長短12安打されたなかで、実に9安打までが、左打者に浴びたものだ。だから、この日のテーマは「左打者対策」——。これさえクリアすれば、長打も連打は防げる、が東尾の立てた方程式だった。

シュート、スライダーは、徹底マークされている。それなら……で持ち出した武器が、フォークだ。本来なら、打者を追い込んで使うタマだが、これを早いカウントで駆使している。そして、苦しい時にもフォーク。巨人の左打者陣は五回以降、この球種にほんろうされている。

右打者には……。第1戦で中畑に左翼本塁打されたことが、下地になっている。七回終了まで、初球に内角ストライクは、五回先頭・山倉の一度しかない。すべて外角、の極端な組み立てだった。「内角は通用しない」「どこでフォークを使うか」の二つが、二大テーマだった。そして、巨人打線を術中に引き込んだ。

巨人側に工夫、徹底がなかったことも、指摘しなければならない。この手のピッチャーは、ストライクをとりにくる「過程」でないと、捕らえられないのだ。

さらに、終盤になれば、工藤が抑えに……の予測も、巨人に焦りを呼んだ要因である。早く、早く……の意識が、ますます東尾の「術」を冴えさせてしまった。

シリーズ前の方針の違いが結果の違いに

1987年11月1日　西武　日本シリーズ第6戦

巨人	000	000	100	……1
西武	011	000	01X	……3

勝 工藤　敗 水野

部下の思考を知らずして、リーダーシップはとり得ない。

思考――。これには能力、性格、心境、調子が含まれることは、述べるまでもないだろう。つまり、リーダーたる者は、全てを把握していないことには、つとまらないのだ。

シリーズを迎える出発点から、振り返ってみよう。短期決戦というドラマを前に、まず、主役は誰か？だ。野球では当然、投手が主役になる。そこで第一のテーマは、先発ローテーションの組み方、となる訳だ。そして、これを起点に方針、作戦が定まっていく。

終わってみると、勝因、敗因の分岐点は、その出発前にたどり着いた。

桑田の第1戦先発が物語るように、巨人は公式戦のトータル成績を重視して、このシリーズに臨んだ。これに対して、西武は「7試合」を考慮してのローテーションだった。

シリーズ前にも書いたとおり、「守って、攻める」森野球と「攻めて、守る」王野球、この発想の差が西武の4勝2敗という結果になった。極端に思われるかもしれないが、私は、この成績の7割以上はシリーズ前に決まっていた、と考えている。

それほど、方針の立て方は重要なのだ。結果論でなく、巨人には4勝1敗で日本一を奪回できる目もあったはずなのに……と思う。

リーダー（監督）には、正確に選手を見る目が欠かせない。その意味で西武・森監督の新人類掌握《しょうあく》ぶりには、敬意を表したい。自らは旧人類でありながら、見事に既成概念から脱却していた。

やはり、守りを固めたチームは大崩れしない、を見せつけたシリーズだった。西武には投の工藤を筆頭に、秋山の広範な守備範囲、石毛、辻の美技、さらにはブコビッチまでが超美技を演じるなど、さまざまな好プレーが勝利の下地になっている。

さらに加えれば、プロ球界には「変化を見極める目」「それに対応できる力」が不可欠の基本線となっている。同じ相手と戦っているのだ。常に、変化を先取りしなければ、この世界では勝ち残れない。これは私の持論でもある。

王監督には、悔いの残るシリーズだったに違いない。老婆心ながら、捲土重来《けんどちょうらい》を期すためには、直言してくれる人を持つことだ。そして、聞く耳を持つことだ。

「耳順《じじゅん》」という言葉がある。リーダーの必須条件は、他人の意見をよく聞くことなのだ。それなしには、率いる組織の進歩、発展はありえない。

厳しい指摘になったが、それは私の野球に対する情熱、とご理解を願いたい。

1989年　制球ミス（斎藤）と配球ミス（阿波野）の差出た

1989年10月21日　藤井寺　日本シリーズ第1戦

巨人	020	100	000	3
近鉄	100	002	10X	4

勝 阿波野　敗 斎藤

阿波野と斎藤。両エースの差は配球ミスとコントロールミスの差だった。コントロールミスで4点とられたのが斎藤だ。一回の大石の本塁打。低めを狙ったカーブが、真ん中高め。六回の鈴木の本塁打。長打を警戒してリベラに四球、同じく淡口にも0－3までいった。コントロールの乱れが、はっきり出ていた。なんとか淡口を抑えた。優位な立場で鈴木を迎え、カウントも2－1。外角直球で決めようとした4球目、シュート回転のボールが、真ん中へ。打って下さいのタマだった。

極めつけは七回の対新井。低めのシンカーでひっかけさせようとしたのが、高めに浮いた。ただ、ここは、コントロールミスだけではなく、他の要素がからみ合っている。まず〝左打者苦手意識〟。そして不正確な情報だ。ベテランは速いタマに弱いという一般論で、この日斎藤は全部直球系で攻めた。しかし、新井は実際はタイミングの変化に弱い打者。情報に、きょうの自らの気力や出来をプラスして新井という打者を考えるべきだった。そこから、シリーズ独特の攻め方が生まれてくるものだ。

この日の二人、配球ミスは〝頭〟のミスだから即修正がきく。コントロールミスはバランスの悪さだから修正が難しい。斎藤は後半に長打を食ってＫＯ。絵にかいたように、ふたつの〝ミス〟の特徴が出た一戦だといえる。

桑田を迷わせた真喜志の「演技」

1989年10月22日　藤井寺　日本シリーズ第2戦
巨人　000　002　001……3
近鉄　000　002　40X……6
勝 佐藤秀　敗 桑田

得点圏に走者を置いてのバッティングが、大きなポイントになった一戦だった。

巨人は七回まで、得点圏に走者を置いて9人が打席に入った。そのうち、岡崎と駒田がヒットを打った以外はすべて凡退。なぜ打てないのか？

まず共通しているのは、ボール球に手を出していること。低めの変化球を引っかけるケースが目立つ。もう一つ、これが特に大事なのだが、バク然と打席に入っている感じがしてならない。

その点、近鉄の打者は違っていた。淡口の同点打の場面。前の2打席の攻めが内角にボール気味の球を集め、勝負は外側の球というパターンだった。淡口は、それをしっかりと頭に入れ、外角の球を遊撃の頭上へと打ち返した。きっちり決めて打席に入っている。確固たる〝備え〟を持って立ち向かっているのだ。

七回の近鉄の攻めにも、それがはっきり出ている。特に光ったのが、真喜志《まきし》だ。ストレートの四球だが、桑田にすればこれが一番痛かったはず。1球目の見逃し方、バントの構えからバットを引いたが、バットの引きが異常に早い。2球目もそうだ。バッテリーは〝バントか？　バスターエンドランもありそう〟と迷った。どっちとも決めかねた。その迷いが桑田のバランスを崩して四球。迷わせた真喜志、完全に〝演技賞〟ものだ。チャンスを広げるという目的を、みごとに達成した。

2連敗。巨人はショックだろう。立ち直るには選手個々が、バク然とプレーをするのではなく、有利な時、不利な時にかかわらず〝備え〟をしっかりする以外にない。

加藤哲の人を食ったような投球

1989年10月24日　東京ドーム　日本シリーズ第3戦

近鉄	120	000	000	……3
巨人	000	000	000	……0

勝 加藤哲　S 吉井　敗 宮本

シリーズ3戦目ともなると、各選手が雰囲気に慣れてくる。さらに現時点での相手選手の好、不調が把握できるし、相手チームの手応えも感じとれる。したがって情報の修正ができる。その意味では、チームの持ち味が一番出る頃だ。そして、この日の近鉄には持ち味がそっくり出た。

なぜ、巨人には出なかったか？　すべて内面的な理由による。まず①斎藤、桑田での連敗のショック。これが一番、大きい。

②は原、篠塚に代表される打撃不振。例えば四回。クロマティの2打席目で、0－2の

後、加藤哲が投げたのは、ど真ん中の半速球。ファーストストライクから打ってくる傾向の強いクロマティに対し、常識的には考えられないことだ。また、篠塚に対しスローカーブを使ったりもした。人を食ったような投球だ。それが効果的なのだから、始末に悪い。また、原7番の緊急事態も、近鉄投手を優位にした。

③は〝ここで負けたらほぼ絶望〟の危機感。そして④は二回までに3点とられ、主導権を握られたこと。先手を取られると弱い性質を持ってるチームだけに痛い。

これには捕手中尾のリードがからんでいる。初回は、ブライアントの7球全部カーブを含め、23球中15〜16球がカーブ、スライダー。狙われて当然だろう。二回の光山、2球目のカーブを大ファウルされたのに、3球目もスライダーを要求して手痛い一発を浴びた。解せないことが多すぎる。

3連敗。こういう展開は、巨人は特にニガ手。はね返す力はないのでは……。ただ、近鉄がこれで勝てる（日本一になれる）と思ったとき、そこに〝勝者のリスク〟が生じる。そこにつけ込む以外にない。そのためにはきょう、香田で勝つこと。香田で勝って、斎藤、桑田ならまだわずかでも〝望み〟はつながる。香田が、このシリーズの〝カギ〟を握る男だ。

変化球主体が奏功、香田

1989年10月25日　東京ドーム　日本シリーズ第4戦				
近鉄	000	000	000	……0
巨人	100	003	10X	……5
勝 香田　敗 小野				

巨人・香田、近鉄・小野ともに変化球主体の攻めをした。香田は全143球中75球が変化球、小野も五回までの半数強がそうだった。

特に香田。近鉄のクリーンアップに対する全50球のうち、36球が変化球。残り14球が直球系だが、1、2打席までストライクは5球、3打席以後は直球系でのストライクは1球もない。徹底した変化球攻めを見せた。近鉄打線に、変化球を強烈に意識させたのである。

ここまで、巨人に打ち勝ってきた近鉄打線は、自分たちの力に、相当の自信を持っているはず。自信があるから、力でネジ伏せてやろう、と考える。そこを、捕手の中尾が冷静な目で、「打たれるまでは変化球主体でいこう」と読んだのだと思う。

つまり、打撃の基本である①タイミング②打つポイント③選球眼――を狂わせるために、徹底的な変化球攻めに出たのである。

変化球を続投すると、時おり投げる速球が、より速く見える。変化球にタイミングを合わせていると、なんでもない速球も威力が倍加する。これも実に効いた。

後半、近鉄の打者も、変化球に適応し始めた。それでも香田はカーブを投げる。打者は変化球に絞って待っているわけで、そこへ読み通りのタマが。「来た！」と強振するがまともに当たらない。それまで、じらしにじらされていた近鉄打線は、リキみ返って振ってしまったのだ。

リキめば、強引になる。「何がなんでも打ってやる」の気持ちから、悪球に手を出してしまう。ヒットが出るわけはない。五回のブライアントがその典型。ドンピシャのタイミングなのに、遊撃へのフライに終わっている。

近鉄の守りに5つの「?」

1989年10月26日　東京ドーム　日本シリーズ第5戦

近鉄	000	010	000	……1
巨人	000	020	40X	……6

勝 斎藤　敗 阿波野

この日の近鉄、守りの面で疑問を持たせる内容が5つあった。まず①は阿波野の交代だ。投手を代える条件として信頼度、不調、疲労、リリーフ投手の信頼度、攻撃優先、ひらめき、投手の心境など、ざっとあげてもこれだけある。阿波野と吉井の信頼度をみても、阿波野が上だろう。攻撃優先の策か？　七回一死走者なしでの代打、勝負を賭けるところではない。理解に苦しむ。

②は岡崎の逆転打の場面。1打席から3打席の初球までの11球中、カーブは2球。直球で攻めまくっており、岡崎は容易に配球が読めた。原の満塁本塁打。あの打席は6球全部が直

球系。前の5球より遅い直球系の球が真ん中低めへきた。いいフォークがあるのに、なぜ使わないのか。得点圏に走者を置いての攻め方、配球。これにも大きな疑問が残る。

③はクロマティの敬遠。二死一、三塁で1点とられたら終わり。不調の原の方が攻めやすいとの判断で〝勝負！〟に出たのだろうが、1点とられたら終わりだけに、クロマティでもよかった。打たれたら、どっちでも同じ。原に打たれた方が、今後のリスクは、大きくなる。

五回の新井の守備位置も疑問だ（④）。左寄りはわかるが、位置が浅すぎる。まだ五回、同点は仕方ないとして深く守るべき。2点目を防ぐ守りが必要だ。

最後⑤として打者・斎藤への攻め方。1打席から3打席まで9球すべてが直球。甘くみた！としか言いようがない。3連勝の後遺症で、野球そのものを甘くみてしまったのだろうか。

先見性が欠如していた近鉄

1989年10月28日　藤井寺　日本シリーズ第6戦

巨人	000	020	010	……3
近鉄	000	100	000	……1

勝 桑田　S 水野　敗 山崎

五回の吉村の幸運な安打、七回のブライアントの併殺ライナーと巨人の強運ばかりが目立った。それで勝負が決まったと思いがちだが、果たして、それだけだったのだろうか。

五回、巨人逆転の場面。一塁に吉村を置いて中尾。カウント2－1、4球目中尾はスリーバントの構え。ボール、これが痛かった。山崎は〝スリーバント〟か〝バスター〟か迷った。判断しかねて、投げて2－2。もうボール球は投げられない。遊撃手は、バントを考えて二塁ベースカバーに入る。その横を中尾の打球が抜けた。4球目にストライクバントをさせていれば、傷口は広がらなかったはずだ。

次打者・川相は100％バントをしてくる場面。一塁のリベラは極端なバントシフトが必要だった。それをせず、あっさり送りバントを決められた。そして篠塚。0－2のカウントで、カーブを右前へ。3球目の球種の選択をバッテリーは間違えた。低めのフォーク等で引っかけさせるか、インハイの直球（ボール球）で詰まらせるケース。0－3になったら歩かせてもいいのだ。調子が上向きだからこそ、篠塚は2番へ上がったと考えれば、この1球はあり得ない。

さらに八回の岡崎のホームラン。これが完全なダメ押しだが、1球目外角一杯のストライク。これは文句なしの1球だった。2球目、フォークが落ちず、半速球が高めへ。信じられない球だ。長打を最も警戒すべき場面だし、クロマティ、駒田と続く打線を考えると、1球たりとて息が抜けないところではないか。細心の注意を払って投げるべきだった。

リベラの暴走も含めて、共通しているのは、状況を前提としての先見性の欠如。ただ単に巨人が〝強運〟だけで勝ったのではなく、近鉄選手の考え方や注意力が問題になってくるのだ。しっかりした考えを持って臨まないと、巨人へ傾いた流れを止めることは難しい。悔いを残すことになる。

〝修正〟早かった巨人、遅かった近鉄

1989年10月29日　藤井寺　日本シリーズ第7戦

巨人	010	303	100	……8
近鉄	000	111	002	……5

勝 香田　S 宮本　敗 加藤哲

今年の日本シリーズの特徴は、①主力選手の不振が長かった。例えば巨人・原、近鉄・大石ら。②は〝あと1勝、あと1人、あと1球〟がままならなかった――である。近鉄はあと1勝が4戦続いたし、二死からの得点や、2ストライクから打たれて得点されるケースがやたらと目立った。

それではシリーズの明暗を分けたのは何だったか。日本一の条件は「攻守のバランス」だ。このシリーズ、3戦までは近鉄が抜群のバランスを示した。ところが、4戦以降、攻めが低調になったのを契機に、大きくバランスが崩れた。巨人側の殊勲者は香田。斎藤、桑田抜きでの1勝は、残り3勝への足場をガッチリ固める結果につながっている。

もう一つ、4戦目に巨人は一気にオーダーを変えた。原が7番、トップに簑田、そして安定感のあるクロマティを軸に岡崎、駒田のクリーンアップ。3連敗の原因が攻撃面にあったとみて、好調度を優先したオーダーにした。藤田監督はここで決断し、修正を試みたわけだ。一方の近鉄は、7戦目にやっと動いた。4戦のうち、1勝すればいいという油断、3連勝後の楽観が変化を遅らせたと言える。

同じことが捕手にも見られた。4戦以降、中尾はガラッとリードを変えた。3戦までの味方投手の意思を重視するリードから、相手打者を見すえたリードへ変化し、鈴木、金村ら伏兵を完全に封じ込んでいる。中尾は敗戦の中での教訓を完全に生かした。

こうしてみると第4戦、これが明暗の分かれ道だったわけである。巨人は首脳陣を筆頭に、守りのかなめとも言える捕手中尾が変化を見せた。近鉄は〝とにかく1勝〟すればいいという気持ちのまま3連敗。やっと最終戦で動きを見せた。勝負事は①作戦を立てる②難所を切り抜ける③まとめる、のくり返し。巨人が②の段階でうまく変化したのに対し、近鉄は〝何とかまとめられるだろう〟と楽観的に考え、ついにはまとめられなかった。短期決戦の中で、決断のポイントを逸してしまったのだ。巨人の4連勝は、その意味で〝修正〟の時期と方法がズバリ当たった大逆転、と言うことができる。

「楽観論者より悲観論者の方が強い」という論理を、地で行ったような日本シリーズだった。

■編集協力……サンケイスポーツ
■サンケイスポーツ掲載時のタイトル
1976年・79年…………「ノムさんの観戦記」
1985年・87年・89年……「ノムさんのシリーズQ論」
2012年……………………「ノムラの考え」

PHP新書

PHP INTERFACE
http://www.php.co.jp/

野村克也[のむら・かつや]

1935年京都府生まれ。54年にテスト生として南海入団。65年に戦後初の三冠王に輝くなど、首位打者1回、本塁打王9回、打点王7回獲得。通算3017試合出場は日本記録。捕手試合出場2921試合は世界記録。70年より選手兼監督に。ロッテ、西武と移り、80年のシーズンを最後に引退。

サンケイスポーツの専属評論家などを務めたのち、90年よりヤクルト監督。弱小球団を3度の日本一に導いた。阪神監督、社会人・シダックス監督を経て、2006年より楽天監督。09年球団を初のクライマックスシリーズ進出に導き、同年退任。監督としての3204試合出場は日本プロ野球史上2位。

著書に『理想の野球』(PHP新書)、『野村ノート』(小学館)、『巨人軍論』(角川oneテーマ21)などがある。

執着心

勝負を決めた一球

(PHP新書844)

二〇一三年二月一日 第一版第一刷

著者――野村克也
発行者――小林成彦
発行所――株式会社PHP研究所
東京本部――〒102-8331 千代田区一番町21
新書出版部 ☎03-3239-6298(編集)
普及一部 ☎03-3239-6233(販売)
京都本部――〒601-8411 京都市南区西九条北ノ内町11
組版――朝日メディアインターナショナル株式会社
装幀者――芦澤泰偉+児崎雅淑
印刷所
製本所――図書印刷株式会社

ISBN978-4-569-80947-2

ＰＨＰ新書刊行にあたって

「繁栄を通じて平和と幸福を」（PEACE and HAPPINESS through PROSPERITY）の願いのもと、ＰＨＰ研究所が創設されて今年で五十周年を迎えます。その歩みは、日本人が先の戦争を乗り越え、並々ならぬ努力を続けて、今日の繁栄を築き上げてきた軌跡に重なります。

しかし、平和で豊かな生活を手にした現在、多くの日本人は、自分が何のために生きているのか、どのように生きていきたいのかを、見失いつつあるように思われます。そして、その間にも、日本国内や世界のみならず地球規模での大きな変化が日々生起し、解決すべき問題となって私たちのもとに押し寄せてきます。

このような時代に人生の確かな価値を見出し、生きる喜びに満ちあふれた社会を実現するために、いま何が求められているのでしょうか。それは、先達が培ってきた知恵を紡ぎ直すこと、その上で自分たち一人一人がおかれた現実と進むべき未来について丹念に考えていくこと以外にはありません。

その営みは、単なる知識に終わらない深い思索へ、そしてよく生きるための哲学への旅でもあります。弊所が創設五十周年を迎えましたのを機に、ＰＨＰ新書を創刊し、この新たな旅を読者と共に歩んでいきたいと思っています。多くの読者の共感と支援を心よりお願いいたします。

一九九六年十月

ＰＨＰ研究所

PHP新書

［人生・エッセイ］

147 勝者の思考法　二宮清純
263 養老孟司の〈逆さメガネ〉　養老孟司
340 使える！『徒然草』　齋藤 孝
377 上品な人、下品な人　山﨑武也
411 いい人生の生き方　江口克彦
424 日本人が知らない世界の歩き方　曾野綾子
431 人は誰もがリーダーである　平尾誠二
484 人間関係のしきたり　川北義則
500 おとなの叱り方　和田アキ子
507 頭がよくなるユダヤ人ジョーク集　烏賀陽正弘
575 エピソードで読む松下幸之助　PHP総合研究所［編著］
585 現役力　工藤公康
600 なぜ宇宙人は地球に来ない？　松尾貴史
604 〈他人力〉を使えない上司はいらない！　河合 薫
609 「51歳の左遷」からすべては始まった　川淵三郎
630 笑える！ 世界の七癖 エピソード集　岡崎大五
634 「優柔決断」のすすめ　古田敦也
653 筋《すじ》を通せば道は開ける　齋藤 孝
657 駅弁と歴史を楽しむ旅　金谷俊一郎
664 脇役力〈ワキヂカラ〉　田口 壮
665 お見合い1勝99敗　吉良友佑
671 晩節を汚さない生き方　鷲田小彌太
699 采配力《さいはいりょく》　川淵三郎
700 プロ弁護士の処世術　矢部正秋
702 プロ野球 最強のベストナイン　小野俊哉
714 野茂英雄
ロバート・ホワイティング［著］／松井みどり［訳］
715 脳と即興性　山下洋輔／茂木健一郎
722 長嶋的、野村的　青島健太
726 最強の中国占星法　東海林秀樹
736 他人と比べずに生きるには　高田明和
742 みっともない老い方　川北義則
763 気にしない技術　香山リカ
771 プロ野球 強すぎるチーム 弱すぎるチーム　小野俊哉
772 人に認められなくてもいい　勢古浩爾
782 エースの資格　江夏 豊
787 理想の野球　野村克也
793 大相撲新世紀 2005-2011　坪内祐三
809 なぜあの時あきらめなかったのか　小松成美
811 悩みを「力」に変える100の言葉　植西 聰

813 やめたくなったら、こう考える　有森裕子
814 老いの災厄　鈴木健二
815 考えずに、頭を使う　桜庭和志
822 あなたのお金はどこに消えた?　本田 健
827 直感力　羽生善治
836 阪神の四番　新井貴浩

［知的技術］

003 知性の磨きかた　林 望
025 ツキの法則　谷岡一郎
112 大人のための勉強法　和田秀樹
180 伝わる・揺さぶる! 文章を書く　山田ズーニー
203 上達の法則　岡本浩一
305 頭がいい人、悪い人の話し方　樋口裕一
351 頭がいい人、悪い人の〈言い訳〉術　樋口裕一
390 頭がいい人、悪い人の〈口ぐせ〉　樋口裕一
399 ラクして成果が上がる理系的仕事術　鎌田浩毅
404 「場の空気」が読める人、読めない人　福田 健
438 プロ弁護士の思考術　矢部正秋
544 ひらめきの導火線　茂木健一郎
573 1分で大切なことを伝える技術　齋藤 孝
605 1分間をムダにしない技術　和田秀樹
615 ジャンボ機長の状況判断術　坂井優基
624 「ホンネ」を引き出す質問力　堀 公俊
626 "口ベタ"でもうまく伝わる話し方　永崎一則
646 世界を知る力　寺島実郎
662 マインドマップ デザイン思考の仕事術　松岡克政／木全 賢
666 自慢がうまい人ほど成功する　樋口裕一
673 本番に強い脳と心のつくり方　苫米地英人
683 飛行機の操縦　坂井優基
711 コンピュータvsプロ棋士　岡嶋裕史
717 プロアナウンサーの「伝える技術」　石川 顕
718 必ず覚える! 1分間アウトプット勉強法　齋藤 孝
728 論理的な伝え方を身につける　内山 力
732 うまく話せなくても生きていく方法　梶原しげる
733 超訳 マキャヴェリの言葉　本郷陽二
747 相手に9割しゃべらせる質問術　おちまさと
749 世界を知る力 日本創生編　寺島実郎
762 人を動かす対話術　岡田尊司
768 東大に合格する記憶術　宮口公寿
805 使える!「孫子の兵法」　齋藤 孝
810 とっさのひと言で心に刺さるコメント術　おちまさと
821 30秒で人を動かす話し方　岩田公雄

835 世界一のサービス　下野隆祥
838 瞬間の記憶力　楠木早紀

［思想・哲学］

032 〈対話〉のない社会　中島義道
058 悲鳴をあげる身体　鷲田清一
083 「弱者」とはだれか　小浜逸郎
086 脳死・クローン・遺伝子治療　加藤尚武
223 不幸論　中島義道
468 「人間嫌い」のルール　中島義道
520 世界をつくった八大聖人　一条真也
555 哲学は人生の役に立つのか　木田 元
596 日本を創った思想家たち　鷲田小彌太
614 やっぱり、人はわかりあえない　中島義道／小浜逸郎
658 オッサンになる人、ならない人　富増章成
682 「肩の荷」をおろして生きる　上田紀行
721 人生をやり直すための哲学　小川仁志
733 吉本隆明と柄谷行人　合田正人
785 中村天風と「六然訓」　合田周平

［社会・教育］

117 社会的ジレンマ　山岸俊男
134 社会起業家「よい社会」をつくる人たち　町田洋次
141 無責任の構造　岡本浩一
175 環境問題とは何か　富山和子
324 わが子を名門小学校に入れる法　清水克彦／和田秀樹
335 NPOという生き方　島田 恒
380 貧乏クジ世代　香山リカ
389 効果10倍の〈教える〉技術　吉田新一郎
396 われら戦後世代の「坂の上の雲」　寺島実郎
418 女性の品格　坂東眞理子
495 親の品格　坂東眞理子
504 生活保護vsワーキングプア　大山典宏
515 バカ親、バカ教師にもほどがある　藤原和博／［聞き手］川端裕人
522 プロ法律家のクレーマー対応術　横山雅文
537 ネットいじめ　荻上チキ
546 本質を見抜く力――環境・食料・エネルギー　養老孟司／竹村公太郎
558 若者が3年で辞めない会社の法則　本田有明
561 日本人はなぜ環境問題にだまされるのか　武田邦彦
569 高齢者医療難民　吉岡 充／村上正泰
570 地球の目線　竹村真一
577 読まない力　養老孟司

586 理系バカと文系バカ 竹内 薫［著］／嵯峨野功一［構成］
599 共感する脳 有田秀穂
601 オバマのすごさ やるべきことは全てやる！ 岸本裕紀子
602 「勉強しろ」と言わずに子供を勉強させる法 小林公夫
616 「説明責任」とは何か 井之上 喬
618 世界一幸福な国デンマークの暮らし方 千葉忠夫
619 お役所バッシングはやめられない 山本直治
621 コミュニケーション力を引き出す 平田オリザ／蓮行
629 テレビは見てはいけない 苫米地英人
632 あの演説はなぜ人を動かしたのか 川上徹也
633 医療崩壊の真犯人 村上正泰
637 海の色が語る地球環境 功刀正行
641 マグネシウム文明論 矢部 孝／山路達也
642 数字のウソを見破る 中原英臣／佐川 峻
648 7割は課長にさえなれません 城 繁幸
651 平気で冤罪をつくる人たち 井上 薫
652 〈就活〉廃止論 佐藤孝治
654 わが子を算数・数学のできる子にする方法 小出順一
661 友だち不信社会 山脇由貴子
675 中学受験に合格する子の親がしていること 小林公夫
678 世代間格差ってなんだ 城 繁幸／小黒一正／高橋亮平
681 スウェーデンはなぜ強いのか 北岡孝義
687 生み出す力 西澤潤一
692 女性の幸福［仕事編］ 坂東眞理子
693 29歳でクビになる人、残る人 菊原智明
694 就活のしきたり 石渡嶺司
706 日本はスウェーデンになるべきか 高岡 望
708 電子出版の未来図 立入勝義
719 なぜ日本人はとりあえず謝るのか 佐藤直樹
720 格差と貧困のないデンマーク 千葉忠夫
735 強毒型インフルエンザ 岡田晴恵
739 20代からはじめる社会貢献 小暮真久
741 本物の医師になれる人、なれない人 小林公夫
751 日本人として読んでおきたい保守の名著 潮 匡人
753 日本人の心はなぜ強かったのか 齋藤 孝
764 地産地消のエネルギー革命 黒岩祐治
766 やすらかな死を迎えるためにしておくべきこと 大野竜三
769 学者になるか、起業家になるか 城戸淳二／坂本桂一
780 幸せな小国オランダの智慧 紺野 登
783 原発「危険神話」の崩壊 池田信夫
786 新聞・テレビはなぜ平気で「ウソ」をつくのか 上杉 隆
789 「勉強しろ」と言わずに子供を勉強させる言葉 小林公夫
792 「日本」を捨てよ 苫米地英人

[経済・経営]

078 アダム・スミスの誤算　佐伯啓思
079 ケインズの予言　佐伯啓思
187 働くひとのためのキャリア・デザイン　金井壽宏
379 なぜトヨタは人を育てるのがうまいのか　若松義人
450 トヨタの上司は現場で何を伝えているのか　若松義人
526 トヨタの社員は机で仕事をしない　若松義人
542 中国ビジネス とんでも事件簿　範 雲涛
543 ハイエク 知識社会の自由主義　池田信夫
579 自分で考える社員のつくり方　山田日登志
587 微分・積分を知らずに経営を語るな　内山 力
594 新しい資本主義　原 丈人
603 凡人が一流になるルール　齋藤 孝
620 自分らしいキャリアのつくり方　高橋俊介
645 型破りのコーチング　平尾誠二／金井壽宏
655 変わる世界、立ち遅れる日本
ビル・エモット[著]／烏賀陽正弘[訳]
689 仕事を通して人が成長する会社　中沢孝夫
709 なぜトヨタは逆風を乗り越えられるのか　若松義人
710 お金の流れが変わった!　大前研一
713 ユーロ連鎖不況　中空麻奈
727 グーグル 10の黄金律　桑原晃弥
750 大災害の経済学　林 敏彦
752 日本企業にいま大切なこと　野中郁次郎／遠藤 功
775 なぜ韓国企業は世界で勝てるのか　金 美徳
778 課長になれない人の特徴　内山 力
790 一生食べられる働き方　村上憲郎
806 一億人に伝えたい働き方　鶴岡弘之

[自然・生命]

208 火山はすごい　鎌田浩毅
299 脳死・臓器移植の本当の話　小松美彦
659 ブレイクスルーの科学者たち　竹内 薫
777 どうして時間は「流れる」のか　二間瀬敏史
797 次に来る自然災害　鎌田浩毅
808 資源がわかればエネルギー問題が見える　鎌田浩毅
812 太平洋のレアアース泥が日本を救う　加藤泰浩
833 地震予報　串田嘉男

[言語・外国語]

643 白川静さんと遊ぶ 漢字百熟語　小山鉄郎
723 「古文」で身につく、ほんものの日本語　鳥光 宏
767 人を動かす英語
ウィリアム・ヴァンス[著]／神田房枝[監訳]